Günter Heede

Den Lebensplan erkennen mit
Matrix Inform

Ganzheitliche Quantenheilung
praktisch anwenden

D1620648

IRISIANA

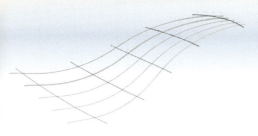

Inhalt

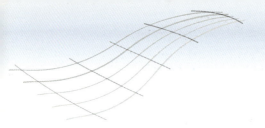

Die Wahrheit ...

... und nichts als die Wahrheit

Das mit der »Wahrheit« ist so eine Sache: Über richtig und falsch werden Kriege geführt. Aus meiner Sicht gibt es »die« Wahrheit nicht, denn dafür reicht unser eingeschränktes Wahrnehmungsvermögen nicht aus. Schon oft in der Geschichte wurden Dinge, die jahrhundertelang Wahrheit waren, durch neue Erkenntnisse revidiert, die Welt erschien in einem neuen Licht. Wissenschaftler aller Fakultäten streiten sich immer wieder aufs Neue über die Richtigkeit ihrer Behauptungen; letztlich siegt, wer die größte Macht oder Anerkennung hat. Was dann für wahr angenommen wird, kommt als Lehrstoff zu den Menschen und wird als Wahrheit publiziert.

»Die« Wahrheit gibt es nicht. Sie entscheiden immer wieder aufs Neue, was Sie zu Ihrer Wahrheit machen.

Wer keine Reputation hat, aber über bessere Erkenntnisse und klarere Beweise verfügt, wird im Allgemeinen ignoriert, belächelt und bekämpft. In totalitären politischen Systemen werden die Querdenker in der Regel unterdrückt und verfolgt.

Wenn sich das Wissen und die Erkenntnisse dann doch irgendwann durchsetzen und die erforderliche Akzeptanz für eine sinnvolle Weiterentwicklung finden, schwenken alle um und wussten schon immer, dass es nur so richtig sein kann.

Meine Vorstellung von der Wahrheit möchte ich Ihnen anhand einer Metapher aufzeigen. Stellen Sie sich eine große weiße Wand vor, sagen wir eine überdimensionale weiße Autokinoleinwand. Die weiße Wand repräsentiert die Wahrheit auf einer sichtbaren Ebene. Doch die Wahrheit besteht nicht nur aus dieser Ebene – es gibt noch sehr viele darunter liegende Ebenen außerhalb der sichtbaren Wahrnehmung.

Bleiben wir auf der sichtbaren Ebene: Stellen Sie sich nun vor, der Anteil meiner Wahrheit würde am linken unteren Rand dieser großen Leinwand eine Fläche mit einem Durchmesser von 10 Zentimetern einnehmen und Ihr Anteil der Wahrheit am rechten oberen Rand eine etwa gleich große Fläche. Eine wieder andere Wahrheit läge unten in der Mitte und nähme eine doppelt so große Fläche ein. Und so gäbe es noch viele andere Wahrheiten. Welche ist nun Ihrer Meinung nach »die« Wahrheit?

Wenn wir dieses Beispiel konsequent weiterverfolgen, verfügen wir alle über »die« Wahrheit und sehen doch gleichzeitig immer nur einen kleinen Ausschnitt davon. Wie sinnvoll ist es nun, über die Richtigkeit der verschiedenen Wahrheiten zu streiten? Wäre es nicht besser, sich auszutauschen und von den Wahrheiten der anderen zu profitieren?

Bewusstsein bringt Klarheit!

Alle theoretischen Erklärungen in diesem Buch basieren auf einem Modell: dem Modell der Reinkarnation. Viele meiner Lebenserfahrungen lassen sich nur mit diesem Modellgedanken erklären; für mich ist es deshalb keine Glaubensfrage mehr, ob es eine Wiedergeburt gibt oder nicht. Doch dies ist ein Teil meiner Wahrheit – Sie als Leserin oder Leser müssen Ihre Wahrheit finden.

Noch nie in der Geschichte kamen die weltbewegenden Veränderungen und Erkenntnisse aus den führenden Schichten der Macht. Größere Umwälzungen begannen immer an der Basis, und revolutionierende Entwicklungen kamen meist von Querdenkern und Einzelgängern.

Überprüfen Sie die Aussagen in diesem Buch anhand Ihrer eigenen Lebenserfahrungen und ziehen Sie daraus Ihre eigenen Schlüsse; vieles wird dadurch in einem anderen Licht erscheinen und nachvollziehbar werden. Wenn Sie dann noch die in diesem Buch beschriebenen praktischen Übungen durchführen, kommen Sie in Ihre Mitte, machen neue Erfahrungen, gewinnen neue Erkenntnisse und kommen in die Lage, Ihr zukünftiges Leben selbstbewusst und eigenverantwortlich zu steuern.

Günter Heede

Einleitung

Sich an den Lebensplan erinnern

Dieses Buch zu schreiben war für mich eine logische Folge auf die ersten beiden Matrix-Inform-Bücher, die ich zusammen mit Dr. med. Wolf Schriewersmann geschrieben habe. Aus meiner Sicht ist jede Methode, Technik oder Anwendung nur so gut, wie sie auch praktisch nutzbar ist.

Im ersten Buch – *Matrix Inform: Heilung im Licht der Quantenphysik, Selbstanwendung leicht gemacht* – steht die Gesundheit im Mittelpunkt. Anhand von Beispielen und mit den praktischen Grundregeln der Zwei-Punkt-Methode erhalten auch die in Energiearbeit unerfahrenen Leser eine einfache und wirkungsvolle Vorgehensweise für ihren persönlichen Nutzen in der Selbstanwendung und in der Anwendung bei anderen Menschen. Das beinhaltet die theoretischen und praktischen Grundlagen von Matrix Inform.

Schwingungen sind Leben. Ohne Schwingungen kein Leben.

Das zweite Buch – *Das Leben aktiv gestalten mit Matrix Inform: Quantenbewusstsein erschafft Realität* – beschreibt ausführlich neben einigen speziellen Modulen eine praxisbezogene Vorgehensweise zur Erschaffung der eigenen Realität. Neben gesundheitlichen Aspekten werden hier auch allgemeine Lebensthemen und das erfolgreiche Umsetzen von Wünschen, Zielen und Visionen mithilfe der Zwei-Punkt-Methode leicht verständlich behandelt. Ohne durch Wiederholungen gelangweilt zu werden, erfährt der Leser die tieferen Zusammenhänge von Physik, Quantenphysik und Metaphysik und wie er mit seinem Bewusstsein auf die aktuelle Realität einwirken kann.

Die volle Schöpferkraft nutzen

Mit dem vorliegenden Buch möchte ich Ihnen die vielen ungenutzten in Ihnen schlummernden Hilfen wieder in Erinnerung rufen. Ich möchte Sie mit Ihren Empfindungen in Kontakt bringen und Ihnen zeigen, wie Sie Ihre ungenutzten Potenziale ohne großen Aufwand in Ihr Leben integrieren.

Jeder Teilbereich des Lebens wirkt sich immer auf alle anderen aus. Stimmt es z.B. in der Beziehung nicht, können Sie krank werden oder im Beruf schlechte Leistungen erbringen. Sind Sie unzufrieden im Beruf, leidet möglicherweise das Familienleben oder die Gesundheit.

Der Lebensplan ist ein absolut praktisches und lebensnahes Thema: Er betrifft jeden Menschen und umfasst alle Lebensbereiche. Unabhängig davon, in welchen Teilbereichen Ihres Lebens es nicht optimal läuft, es hat immer Auswirkungen auf alle anderen Bereiche, es wirkt immer ganzheitlich, wie in einem großen Netzwerk.

Auch umgekehrt betrachtet ergibt dies einen Sinn. Verändern Sie einen Teil in Ihrem Leben, z.B. die Beziehung zu Ihrem Lebenspartner, dann können Sie auf einmal im Beruf erfolgreich werden. Oder man bringt Ihnen im Beruf auf einmal mehr Anerkennung entgegen, Sie verdienen mehr Geld, und schon geht es mit der Gesundheit und dem Wohlbefinden bergauf.

Aus Unwissenheit versuchen die meisten Menschen, ihre Probleme auf der Ebene zu lösen, auf der sie sich bemerkbar machen. Sie denken ausschließlich linear: Ist z.B. der physische Körper krank, muss er auch auf der physischen Ebene in Ordnung gebracht werden. Stimmt das Einkommen nicht, muss mehr gearbeitet werden. Will man eine feste Beziehung, muss so lange gesucht werden, bis der oder die Richtige gefunden ist.

Das Modell der Dimensionen

Bei Matrix Inform sprechen wir von Dimensionen. Wir leben in der dritten Dimension, der größten Dichte unsere Realität. Die dritte Dimension geht aus der vierten Dimension hervor – Letztere wird als Quantenfeld, astrale Welt oder auch als morphische Felder bezeichnet, wobei es sicherlich noch mehr Begriffe dafür gibt. In meinem Modell bevorzuge ich den Begriff der morphischen Felder, wie ihn der britische Autor und Biologe Rupert Sheldrake geprägt hat.

Die Quanten oder Photonen gehören zu den kleinsten Teilchen von Materie, alles andere sind Lichtschwingungen und Informationen. Alle Materie besteht zu 99,99999 Prozent aus Nichts, und dieses Nichts ist Energie und Information.

Materie besteht zu 99,99999 Prozent aus Nichts und ist darüber hinaus auch fast nie da.

Resonanz und Anziehung

Morphische Felder übernehmen alle Informationen und speichern sie ab. Sie sind, obwohl es offene Felder, also interaktive Felder sind, passiv. Auf diese morphischen Felder kann jeder zu jeder Zeit zugreifen, um Informationen auszutauschen. Damit aus einem passiven, morphischen Feld ein aktives, sogenanntes morphogenetisches Feld wird, muss Bewusstsein hinzukommen. Das Bewusstsein kommt aus der fünften oder höheren Dimension (5D+) und wirkt auf das Feld der Quanten ein; es aktiviert die gespeicherten Informationen in den morphischen Feldern und bringt sie zum Schwingen. Das so aktivierte Feld strahlt verstärkt aus und bringt dazu passende Schwingungen anderer morphischen Felder in Resonanz. Es entsteht Anziehung.

Mit Matrix Inform gehen wir auf die höher angesiedelte energetische Ebene. Alles, was in der dritten Dimension zu Ihrer Realität geworden ist, hat eine energetische Grundform, eine Matrix, einen Plan. Auch Ihr Leben, Ihr Körper und Ihr Umfeld haben zuerst eine energetische Vorlage. Wenn Sie Ihr Bewusstsein einsetzen und Ihre Energien zielgerichtet lenken, statt sie willkürlich und chaotisch auf die Menschen und Dinge zu richten, werden Sie zu einem bewussten Schöpfer Ihrer Realität. Mit dem Wissen und dem Abrufen Ihres Lebensplans, wie es in diesem Buch beschrieben ist, erschaffen Sie sich ein vollbewusstes, ausgewogenes, harmonisches, gesundes, erfolgreiches, abwechslungsreiches und erfülltes Sein. Sie bewirken eine ganzheitliche Quantenheilung.

Kraft Ihres Bewusstseins wirken Sie direkt und indirekt auf die Quanten und Photonen ein. Sie geben ihnen eine veränderte informationsbeinhaltende Prägung oder Ladung und wählen dadurch aus dem Quantenfeld der unbegrenzten Möglichkeiten genau die aus, die Sie sich erschaffen wollen.

Energien transformieren

Wenn Sie mir in diesem Buch folgen, erfahren Sie viel über Ihre mitgebrachten Schwingungen, Ihre Ausstrahlung und Ihre Anziehung. Dadurch wird Ihnen bewusst, warum Sie z. B. bislang immer wieder vergleichende und belastende Lebenssituationen angezogen und erlebt haben. Und Sie erfahren, wie Sie zielgerichtet förderliche Informationen in Ihr Leben holen. Ganz praktisch gesehen, kommen Sie in Ihre Mitte und wirken dann aus Ihrer Mitte: Sie erkennen, was Sie behindert und belastet, und können es anschließend zielgerichtet transformieren. So erhöhen Sie nach und nach Ihre persönliche Schwingung und Ihre Ausstrahlungskraft.

Das Kapitel »Geld als Energie« (siehe S. 141ff.) hat zwar nicht direkt etwas mit dem Lebensplan zu tun, verdeutlicht aber eine praktikable Vorgehensweise, wie Sie sich mit Energien verbinden können, um diese dann verstärkt anzuziehen und zur Wirkung kommen zu lassen. Am Beispiel Geld können Sie einfach nachvollziehen, wie sich Energien mühelos und auf spielerische Art und Weise anziehen und nutzen lassen.

Von der Idee zur Realität

Alles, was Sie gerade erleben, haben Sie sich selbst und eher unbewusst erschaffen. Denn krank, allein und mittellos zu sein, haben Sie sich wahrscheinlich nicht bewusst erschaffen wollen. Wenn Ihnen das klar wird und Sie es akzeptieren, ist es nur noch ein kleiner Schritt zur bewussten Erschaffung. Nutzen Sie die Anregungen aus diesem Buch und verändern Sie Ihr Leben gemäß Ihren Wünschen, Zielen und Visionen.

Anhand eines einfachen Beispiels möchte ich Ihnen zeigen, wie sich etwas erschaffen lässt. Nehmen wir einmal an, Sie haben die Idee, einen bestimmten Gegenstand herzustellen, sagen wir einen neuen Malstift. Bevor überhaupt etwas in die Realität kommen kann, bedarf es einer Idee. Woher kommt diese Idee? Nun, wir können sagen: Ihr Bewusstsein hatte diese Idee. Wer sonst? Die Idee, diesen Malstift herzustellen, entstand also in der fünften oder einer höheren Dimension.

Wenn Sie in der Vergangenheit schon einmal eine Idee für ein Objekt hatten, wissen Sie, dass nach der Idee ein Plan, eine Vorlage

Coaching

Sind Sie im vollen Besitz Ihrer geistigen Kräfte? Wenn Sie die Frage in vollem Bewusstsein mit Ja beantworten wollen, dürfen Sie sich nicht ausschließlich auf Ihren Verstand verlassen, denn der hat nichts mit Geisteskraft zu tun.

Matrix Inform im Alltag

Bei Matrix Inform handelt es sich keineswegs nur um theoretisches Wissen. Sie können die Methode auch ganz praktisch im Alltag anwenden:

▶ Beim Umgang mit anderen Menschen können Sie emotionale Ladungen klären und transformieren. In Ihnen und in Ihren zwischenmenschlichen Beziehungen entsteht Harmonie.

▶ Wenn Sie wissen, was Sie wollen, stehen Ihnen auch beruflich mehr und umfangreichere Auswahlkriterien zur Verfügung: Sie können Ihre Berufung finden und ihr folgen.

oder – wie wir sagen – eine Matrix gebraucht wird. In diese Vorlage, diesen Plan oder diese Matrix werden nun alle Informationen für den zukünftigen Malstift eingeschrieben. Die Matrix wird in die vierte Dimension, in das morphische Feld oder – anders ausgedrückt – in das Feld der Quanten übertragen.

Aus passiven werden aktive Felder

Jeder Mensch, jedes Ding, jeder Raum, jedes Wort, einfach alles, besitzt ein morphisches Feld.

Die Matrix ist das erste informationsbeinhaltende, energiegeladene, schwingende Element des zukünftigen Malstifts. Dieser Art Elemente gibt es unzählige in den morphischen Feldern. Ihr Bewusstsein, das die Idee und die Matrix erzeugt und die Matrix in das morphische Feld übertragen hat, hat dadurch ein schwingendes und anziehendes Energiefeld auf Quantenebene erschaffen. Kraft der Resonanz kommen nun gleichschwingende Felder ins Mitschwingen und werden angezogen. Wir können auch sagen, dass die kleinsten Teilchen der Materie, die Quanten und Photonen, ihre erste energetische Prägung bekommen. Da jedes Quant oder Photon ein Teil eines Atoms ist, bekommt somit das dazugehörende Atom Informationen gespeichert.

Bleibt Ihr Bewusstsein weiter bei dem Projekt der Erschaffung eines neuen Malstifts, wird aus einem passiven, morphischen Feld ein aktives morphogenetisches Feld. Jedes Mal, wenn Sie sich gedanklich mit diesem Projekt beschäftigen, laden Sie es mit neuer Energie auf und erhöhen die Schwingung dieses Energiefelds. Das morphogenetische Feld wächst, strahlt entsprechend intensiver aus, bringt gleiche Schwingungen ins Mitschwingen und bekommt dadurch eine zunehmende Anziehung. Gleichzeitig kommen neue Informationen hinzu, und immer mehr passende Energien in Form von Erkenntnissen, Erfahrungen und Menschen werden angezogen. Sie sammeln Daten über die Materialien, die gebraucht werden, über die erforderlichen Maschinen für die Herstellung usw. All diese Informationen werden in das Energiefeld eingespeist. Das Feld der Quanten und Photonen erhält immer mehr Ladungen.

Irgendwann ist der Malstift produziert; er wird verpackt und durch findige Marketingleute erfolgreich beworben. Kunden bestellen den Malstift, er wird verkauft, verschickt und kommt beim Kunden an. Auf diesem Wege werden viele Informationen der einzelnen Stationen gespeichert. Der Malstift wird in Gebrauch genommen, verschiedene Personen haben ihn in der Hand. Das sind weitere Informationen, die das Feld des Malstifts anreichern.

In ständigem Wandel begriffen

Übertragen wir dieses Modell auf die Entstehung eines Menschen. Das Bewusstsein in einer höheren Dimension 5D+ hat die Idee, wieder einmal auf der Erde zu inkarnieren, also Mensch zu werden. Es generiert eine Matrix, ein Lebensplan wird programmiert.

Jedes Leben, auch Ihres, folgt einer detaillierten Planung und Vorbereitung. Diese bestehen aus verschiedenen Phasen und unterliegen permanenten energetischen Einflüssen. Die programmierten Schwingungen strahlen aus und erzeugen Resonanz oder werden von außen in Resonanz gebracht. Durch Resonanz entsteht Ausstrahlung und in der Folge eine Anziehung. Das Energiefeld eines Menschen unterliegt so einem ständigen Wandel. Wird Ihnen dies bewusst, können Sie bestimmen, welche Schwingungen Sie in Ihrem Energiekleid (siehe dazu S. 79ff.) transformieren möchten und welche Schwingungen Sie gezielt aktivieren bzw. anziehen möchten. Mit Matrix Inform aktivieren Sie die Verbindung zu Ihrem höheren Bewusstsein mit Sitz in 5D+. Ihre Matrix mit dem integrier-

Solange Sie Ihr Bewusstsein bei dem Malstift lassen, hat er ein morphogenetisches Feld. Ist der Malstift fertiggestellt und ziehen Sie Ihr Bewusstsein von ihm ab, hat er wieder ein morphisches, passives Feld.

ten Lebensplan wird gezielt aktiviert; die mitgebrachten Potenziale können abgerufen und im vollen Umfang zum Einsatz kommen.

Das vorliegende Buch zeigt Ihnen detailliert Inhalte, Einflüsse und Wirkungen Ihrer Matrix und Ihres Lebensplans auf und verdeutlicht, wie wichtig es ist, eine Anbindung zum Höheren Selbst, zum Bewusstsein zu haben.

Genießen Sie die spielerische Leichtigkeit beim Einsatz der Matrix-Inform-Anwendungen und erleben Sie Ihre eigene schöpferische Kraft beim Leben Ihres Lebensplans.

Seien Sie geduldig

Alles, was ich Ihnen in diesem Buch offenlege, ist praktisch erprobt und reproduzierbar. Wenn Sie nicht den Fehler begehen, in Ungeduld zu verfallen, ist nahezu alles möglich. Es hat viele Jahre gedauert, um zu Ihrer heutigen Lebenssituation zu kommen – entsprechend braucht es auch etwas Zeit, um die Umstände in die richtige Richtung zu lenken. Dies kann in vorübergehende unausgeglichene Situationen führen. Alles, was nicht zu Ihrem Lebensplan passt, wird auf energetischer Ebene transformiert; als Folge verändern sich die Dinge in der dritten Dimension. Bitte haben Sie Verständnis, dass ich für Ihre Veränderungen keine Verantwortung übernehmen kann, denn diese leiten Sie selbstständig mit jeder Matrix-Inform-Anwendung ein. Sollten Sie Bedenken bezüglich der ungewissen Lebensveränderungen haben, dürfen Sie die praktischen Übungen nicht durchführen.

Doch sollten Sie mit dem aktuellen Leben unzufrieden oder sogar unglücklich sein: Haben Sie Vertrauen zu Ihrer Matrix und Ihrem Lebensplan, handeln Sie danach – und alles geht viel schneller und erheblich leichter.

Der Lebensplan
als Teil der Matrix

Alles, was sich in der dritten Dimension materialisieren soll, hat als Grundlage eine Matrix, einen Plan. Wenn ich »alles« schreibe, dann betrifft das sowohl jedes Lebewesen als auch Sie als Mensch. Zu Ihrem Leben und Ihrer Matrix gehört daher Ihr Lebensplan. Und im Prinzip verhält es sich bei der Entstehung eines Menschen ähnlich wie bei der Entstehung eines Stiftes.

Bewusstsein erschafft eine Idee. In diesem Fall ist es die Idee, wieder einmal auf der Erde zu inkarnieren. Für die Verwirklichung dieser Idee wird eine Matrix generiert, ein Masterplan mit allen erforderlichen Informationen und Daten, um die Idee in einem Lebenszyklus auf der Erde auch leben zu können. Ein Teil dieser Matrix als eine Art Programm ist auch der Lebensplan.

Im Fluss des Lebens

Obwohl dieser Lebensplan sehr komplexe Informationen beinhaltet, ist er in den Details nicht fixiert. Es geht gewissermaßen um die grobe Richtung. Nehmen wir einmal an, in einem Lebensplan steht die Tätigkeit zu lehren als ein geeigneter Lebensweg. Dann wird

Jeder Lebensplan beinhaltet die unterschiedlichsten Aspekte und Facetten. Es beginnt damit, dass die Ausgangsposition bzw. die Umstände, in die jemand hineingeboren wird, so gestaltet sind, dass die besten Voraussetzungen bestehen, um die gewünschten Erfahrungen auch wirklich machen zu können.

nicht darin stehen, was inhaltlich zu lehren beabsichtigt oder in welcher Funktion das Lehren umzusetzen ist. Doch immer dann, wenn der Lebensweg durch Lehren begleitet wird, fließen die förderlichen Energien hilfreich zu. Alles gelingt einfacher; wenn Hindernisse auftauchen, lösen sie sich problemlos auf. Man bewegt sich im Fluss des Lebens.

Wir alle kommen irgendwo her und gehen wieder irgendwo hin.

Setzen wir das Modell der Reinkarnation voraus, dann wird auch klar, dass Sie nicht zum ersten Mal auf der Erde sind und dass Sie in den vergangenen Leben bereits sehr viele menschliche Begegnungen hatten. Es gab Eltern und Großeltern, Geschwister, Lebenspartner, Vorgesetzte und Untergebene, Freunde und viele andere Begegnungen. Mit einigen Seelen gab es intensiveren Kontakt, mit anderen nur flüchtigen. Mit den Seelen mit intensiverem Kontakt können Sie in einigen Leben in den unterschiedlichsten Gemeinschaften gelebt haben. Einmal als Mann, ein anderes Mal als Frau; mal in der Kombination Eltern–Kind, mal als Lebenspartner oder Freund. In einem Leben sind Sie vielleicht Mutter eines Sohnes, in einem anderen Leben ist dieser Sohn Ihr Geliebter oder Ihr Großvater. Nicht immer verliefen diese Begegnungen harmonisch; viele Ereignisse haben sich als emotionale Verdichtungen in Ihrem emotionalen Energiekörper (siehe dazu S. 81) festgesetzt.

Die Schulbank des Lebens drücken

Zwei sehr alte und weise Gurus gerieten darüber in Streit, wer von ihnen der erfahrenere und weiterentwickeltere sei. Denn auch Gurus sind Menschen und haben ein Ego. Im Verlauf des Streits wirft der eine als Argument ein: »Ich war schon 845 Mal inkarniert.« Worauf der andere meint: »Ich war erst 423 Mal inkarniert. Wenn du aber so viel weiser sein willst, warum hast du dann so oft wiederholen müssen?«

Ein Plan für alle Lebensbereiche

Kein Kind, das heute geboren wird, kann aus dieser Sichtweise heraus absolut unschuldig und frei auf die Erde kommen. Es trägt bereits eine Menge energetischer Verdichtungen als Aufgaben oder Herausforderungen im Energiekleid. Zu diesen Verdichtungen gehören z. B. Erfahrungen, Potenziale, Fähigkeiten, traumatische Erlebnisse, ungelöste Konflikte, emotionale Bindungen, Vorhaben, Ideen und Pläne. Je nach Reife oder Grad des Bewusstseins spricht man von jungen oder alten Seelen. Die Menge der bereits vergangenen Leben ist kein Zeichen für Reife, denn in jedem Leben können sich neue energetische Verdichtungen aufbauen, können alte Verstrickungen ungelöst bleiben, kann das vorgenommene Ziel nicht erreicht worden sein. Auch die Zeit existiert im Geistigen ebenso wenig wie in der Welt der Quantenphysik.

Ihr Lebensplan umfasst alle Ihre Lebensbereiche, u. a. die folgenden:

▸ Die Familie, in die Sie hineingeboren werden
▸ Die Familie, die Sie möglicherweise gründen werden
▸ Die Bedingungen beim Start in die neue Inkarnation
▸ Die Epoche und die herrschenden Umstände
▸ Menschen, die Sie zeitweise begleiten
▸ Ihre Fähigkeiten, Talente und Potenziale, Ihre Neigungen und Ihre Vorlieben
▸ Ihre Aufgaben und Herausforderungen
▸ Die Entwicklung eines kollektiven Bewusstseins
▸ Die Erfüllung kollektiver Aufgaben

Wenn ich vom Lebensplan spreche, glauben einige, dass der Lebensplan nur den beruflichen Teil des Lebens beinhaltet; doch die Tätig-

Die Abstände zwischen den einzelnen Leben sind kein Zeichen für etwas Besonderes. Eine Wiedergeburt kann schnell mit wenigen Jahren dazwischen stattfinden oder auch durch Hunderte von Jahren getrennt sein.

keiten, die Sie und andere beruflich durchführen, lassen auf die jeweiligen Talente, Neigungen und Fähigkeiten schließen. Je nach der persönlichen Entwicklung im Laufe eines Lebens tauchen auch die entsprechenden Aufgaben und die zugehörigen Herausforderungen in diesem Leben auf. Und glauben Sie mir: Es kommen nur Aufgaben, die Sie auch bewältigen können – vorausgesetzt, Sie leben Ihren Lebensplan.

Übergeordneter Ablaufplan

Ein Leben muss nicht schwer sein. Manchmal reicht es, den Blickwinkel zu verändern, um sich das Leben zu erleichtern.

Innerhalb eines Lebens verfolgen Sie mehrere unterschiedliche Ziele. Sie wollen Ihren individuellen emotionalen Körper (siehe S. 81) klären. Sie wollen Verstrickungen und Verflechtungen, die sich als energetische Blockaden zwischen Ihnen und anderen Menschen aufgebaut haben, lösen und zum Wohle aller Beteiligten transformieren. Sie wollen neue Erfahrungen für Ihre Entwicklung machen und ins eigene Bewusstsein integrieren. Sie wollen Ihre gemachten Erfahrungen, die der Gesamtentwicklung der Menschheit nützlich sind, ins kollektive Bewusstsein einbringen.

Die Herausforderungen und Aufgaben in Ihrem Lebensplan treten nicht willkürlich und unkontrolliert in Ihr Leben; auch sie folgen einer Ordnung, einem Ablaufplan. Zugegebenermaßen folgt die Ordnung nicht immer einer verständlichen Logik. Doch betrachten Sie einmal das Entstehen eines großen Bauwerks: Auch hier herrscht für den unwissenden Laien ein Chaos, obwohl tatsächlich alles einem wohl- bzw. übergeordneten Ablaufplan folgt. Auch Ihr Lebensplan beinhaltet einen Ablaufplan. Station für Station, Erfahrung für Erfahrung und je nach erworbenen Kenntnissen und Fähigkeiten vollziehen sich die Ereignisse – immer vorausgesetzt, Sie folgen Ihrem Lebensplan.

Die Zahl Sieben und der Lebensrhythmus

Die Zahl Sieben bezeichnen viele als ihre Glückszahl. Die Sieben taucht im Zusammenhang mit fast allen Lebensbereichen auf, sei es bei der Einteilung der Woche in sieben Tage oder bei der Einteilung des Regenbogens in sieben Farben. Wir begegnen der Sieben in der Siderischen Periode des Mondes – er braucht 4 x 7 Tage für seinen Weg um die Erde – und in den sieben Grundtönen der Musik. Die Chemie teilt die Elemente in sieben Gruppen auf, in der Mineralogie gibt es sieben Kristallsysteme. Unser Körper erneuert seine gesamten Zellen innerhalb von sieben Jahren.

Auch in der Sprache sowie in Mythologie und Geschichte spielt die Sieben eine große Rolle: Wir laufen mit Siebenmeilenstiefeln und besuchen die sieben Zwerge hinter den sieben Bergen. Dabei kommen wir bei den sieben Geißlein vorbei und erlegen mit dem tapferen Schneiderlein Sieben auf einen Streich. In der Bibel gibt es die sieben mageren und die sieben fetten Jahre, es wird von sieben Weltwundern und sieben Todsünden berichtet.

Das Universum schwingt. Alles bewegt sich in Zyklen und Rhythmen.

In natürlichen Zyklen und Rhythmen

Im Zusammenhang mit dem Lebensplan spielt die Zahl Sieben ebenfalls eine bedeutende Rolle, denn unser Leben verläuft in Zyklen und Rhythmen. Wie wir bereits gesehen haben, hatte der Siebener-Rhythmus schon immer einen besonderen Einfluss auf den Verlauf eines irdischen Lebens. Er geht jedoch weit über die körperliche Ebene hinaus und wirkt sich durch die Einteilung in bestimmte Lebensphasen auch auf die Gesellschaft aus.

So kamen Kinder generell im Alter von sieben Jahren in die Schule und mit 14 Jahren aus der Schule. Mit 21 Jahren wurde man volljährig, mit 42 begann die Midlife-Crisis, mit 49 der zweite Frühling, und mit 63 wurde man berentet.

Leider wurden diese natürlichen Rhythmen mittlerweile sehr verzerrt. Kinder kommen schon mit sechs Jahren in die Schule und bleiben dort entweder bis zum 16. Lebensjahr – bei der Mittleren Reife – oder bis zum 19. Lebensjahr – beim Abitur. Heute wird man mit 18 Jahren volljährig und kommt mit 67 in Rente. Die natürlichen Rhythmen mussten theoretischen Einteilungen weichen. Doch so einfach lassen sich die Natur und die Entwicklung der einzelnen Energiekörper nicht verändern, so einfach lassen sich die Lebensplanzyklen nicht anpassen.

Zu den vier Energiekörpern zählen der physische Körper, der mentale Körper, der emotionale Körper und der spirituelle Körper.

Ein nicht gelebter Lebensplan führt zu Krisen

In jeder Siebener-Phase eines Lebens stehen bestimmte Aufgaben und Herausforderungen im Lebensplan. Das hängt unter anderem mit den vier Energiekörpern (siehe S. 79ff.) zusammen, die in den einzelnen Siebener-Phasen jeweils stärker im Vordergrund stehen. Es gibt jedoch keine allgemeingültige Regel, wer wann und in welcher Art mit seinem Lebensplan konfrontiert wird. Je nach Reife einer Seele, dem Verlauf der Entwicklung und den gestellten Aufgaben variieren die Zeiten, wann ein nicht gelebter Lebensplan zu Krisen führt. Es kann z. B. sein, dass ein Mensch die ersten fünf bis sechs Jahrzehnte auf seinen Lebensplan vorbereitet wird, um dann in kürzester Zeit die Aufgabe bewältigen zu können. Widersetzt sich die Person unwissentlich den Lernphasen in der Vorbereitungszeit und besteht deshalb die Gefahr, dass der Lebensplan nicht umgesetzt wird, kommt es möglicherweise zu Krisen.

Die praktische Umsetzung eines Lebensplans beginnt mit der Zeugung, denn durch die Zeugung sind die Eltern und die Umgebung festgelegt. Damit sind die erforderlichen Voraussetzungen geschaffen, um die im Vorfeld eines Lebens bewusst gewählten Erfahrungen auch machen zu können. Zu diesen Erfahrungen gehört z. B., mit welchen Seelen es noch gemeinsame Aufgaben zu lösen gilt oder welche Verflechtungen untereinander zur Entflechtung anstehen. Der Ausgangspunkt für die anstehende »Abenteuerreise Inkarnation« ist festgelegt.

Phase 1 – 1. bis 7. Lebensjahr

Mit der Geburt beginnen die ersten sieben Jahre. Der spirituelle Körper ist voll aktiv, es besteht noch eine direkte Anbindung an ein höheres Bewusstsein. Der emotionale Körper ist für gewisse Anforderungen zugänglich, beispielsweise für das Speichern neu hinzukommender Erlebnisse. Doch die gespeicherten Informationen vergangener Inkarnationen sind zu diesem Zeitpunkt noch nicht abrufbar oder transformierbar. Der mentale Körper wird erst gebildet, auch der physische Körper wächst erst heran. Die Bindung an die Eltern, insbesondere zur Mutter, sind sehr stark, der Aktionsradius ist begrenzt. Freie und selbstverantwortliche Entscheidungen sind nicht möglich.

Bereits hier kann eine Aufgabe aus dem Lebensplan anstehen. Noch sehr offen und angebunden an ein höheres Bewusstsein dienen die Säuglinge und kleinen Kinder als Transformatoren für die Erwachsenen. Sehr oft öffnen sich die Eltern einem neuen Bewusstsein und übernehmen nach einem neunmonatigen Reifeprozess die anste-

Manche Säuglinge und Kleinkinder leben bereits in dieser ersten Lebensphase einen Teil ihres Lebensplans. Sie sind z. B. Transformator oder Lehrer für die Eltern.

hende Verantwortung mit Liebe. Die Erstgeborenen leisten hierbei in vielen Fällen Pionierarbeit.

Phase 2 – 8. bis 14. Lebensjahr

Mit dem Eintritt in das schulfähige Alter von sieben Jahren verlagert sich der Schwerpunkt in Richtung Ausbildung des mentalen Körpers; zudem wird ein großer Teil der Energien für den Aufbau des physischen Körpers verbraucht. Die Anbindung über den spirituellen Körper an ein höheres Bewusstsein gerät vorübergehend etwas in den Hintergrund, und der emotionale Körper, der Seelenspeicher, ist noch nicht voll zugänglich. Die soziale Entwicklung im Umgang mit anderen Kindern außerhalb des geschützten familiären Umfelds steht an.

Mit Beginn der Pubertät öffnet sich der emotionale Körper, und es besteht die Möglichkeit, auf den kompletten Seelenspeicher zuzugreifen.

Phase 3 – 15. bis 21. Lebensjahr

Ab diesem Abschnitt tritt die Seele auf den Plan. Das Wesen eines Menschen, sein Charakter kommt zum Vorschein. Es ist auch eine Phase der kompletten Neuorientierung für alle Beteiligten, da das Kind zur eigenständigen Persönlichkeit wird. Die Polarität der Geschlechter wird erkannt, mit der Geschlechtsreife erwacht die Sexualkraft und damit auch die Kraft, bewusst auf die Materie einzuwirken. Es wächst das Interesse an Gruppenbildung mit Gleichgesinnten – ein Indiz dafür, dass ein »Wir Sind« unbewusst in jedem von uns schlummert. In dieser Phase werden die ersten individuellen Programmierungen des Lebensplans sichtbar. Welche Interessen bestehen? Welche Neigungen? Was zieht an? Welche Menschen und Gruppierungen stärken die Entwicklung, und welche ziehen Energien ab?

Ab jetzt ist eine Seele eigenverantwortlich und muss ihren Platz im Leben einnehmen. Die in dieser Lebensphase gemachten Erfahrungen dienen oft als Vorbereitung für die Verwirklichung des Lebensplans in einem späteren Lebensabschnitt.

Phase 4 – 22. bis 28. Lebensjahr

In der vierten Phase, dem nächsten Zyklus, der mit dem 22. Lebensjahr beginnt, ist ein Mensch reif und eigenverantwortlich, sein zukünftiges Leben zu gestalten.

Die Abnabelung vom Elternhaus sollte in dieser Lebensphase bereits geschehen sein. Der physische Körper hat seine Entwicklung abgeschlossen, der mentale Körper ist voll ausgebildet. Sofern die Entwicklung einen gesunden Verlauf genommen hat, besteht noch ein Zugang zur Spiritualität, und die individuelle Gefühlslage ist auf aktives Leben und Abenteuerlust ausgerichtet. Das Gründen einer eigenen Familie ist angesagt, die berufliche Entwicklung verlangt viel Aufmerksamkeit. Alles ist in Harmonie. Jetzt können sich die größeren Aufgaben und geplanten Herausforderungen zeigen – oder es tauchen die ersten Krisen auf, wenn Sie Ihrem Lebensplan nicht folgen.

Jeder Siebener-Zyklus hat seine eigenen Herausforderungen und Aufgaben.

Zu solchen Krisen können die folgenden Situationen gehören: Vielleicht haben Sie berufliche Entscheidungen mit dem Verstand getroffen, obwohl Ihr Herz etwas anderes wollte. Oder Sie folgten vielleicht der familiären Verpflichtung, den elterlichen Betrieb zu übernehmen, um in die Fußstapfen Ihrer Eltern zu treten. Auch viele Ehen werden aus Gründen der Vernunft geschlossen oder weil ein Kind unterwegs war. Andere wählen ein Studium, weil es »in« ist oder weil es keinen anderen Studienplatz gab oder weil sie den Numerus clausus nicht erreichten.

Phase 5 – 29. bis 35. Lebensjahr

Je nachdem, wie die ersten vier der Sieben-Jahres-Zyklen verlaufen sind, verstärken sich die Krisen, oder die Entwicklung und Entfaltung der Persönlichkeit schreitet fort. Zwischen dem 29. und 35. Lebensjahr wird die Karriereleiter erklommen. Tatkraft und Mut unterstützen den Prozess, und der Geltungsdrang ist stark ausgeprägt. Sehr oft tritt hier das Ego in den Vordergrund.

Das Ego ist ein Teil des mentalen Körpers bzw. des Verstandes; dieser verdichtet sich mehr und mehr und wird immer mehr als Hauptspeicher für Informationen und als Grundlage für Entscheidungen genutzt. Der emotionale Körper wird zurückgedrängt, die Spiritualität wird dem Verstand geopfert. Der Körper hat zu funktionieren, wobei Anzeichen, dass etwas nicht stimmt, gern überhört und nicht zur Kenntnis genommen werden. Das Leben im Außen ist wichtiger, eine Selbstreflexion gibt es nicht. Sehr oft werden in dieser und auch der nächsten Lebensphase der physische und der emotionale Körper stark gefordert bis überfordert. Alter und Spiritualität werden sehr oft verdrängt.

Mit zunehmendem Alter ist fast jeder durch die Gesellschaft konditioniert, und die kollektiven Programme beginnen zu wirken.

Phase 6 – 36. bis 42. Lebensjahr

Ab hier wird es bereits für viele ernst. Kollektive Programme beginnen zu greifen. Es heißt, ab dem 40. Geburtstag beginnen die körperlichen Leiden. Von nun an geht es körperlich bergab, und Sie müssen mit Ihren Kräften haushalten. Immer noch kämpfen die Männer um ihren Platz auf der Karriereleiter; sie wollen die berufliche Position stärken oder die Führung übernehmen. Der Wille, es zu schaffen, ist sehr groß, selten spielen Zweifel eine Rolle auf dem Weg nach oben.

Bei den Frauen ist es heute anders. Während die Frauen in den Nachkriegsjahren die Kinder um das 20. Lebensjahr herum bekamen und die Kinder groß waren, wenn die Frauen 40 wurden, wollen viele Ehepaare heute erst einmal leben und nicht vor dem 35. Lebensjahr Kinder in die Welt setzen. Teilweise wird noch nach dem 40. Lebensjahr ein Kinderwunsch in die Tat umgesetzt, bevor es aus natürlichen Gründen danach nicht mehr möglich ist.

Würden die Menschen nicht so sehr auf ihren Verstand, sondern mehr auf ihre Intuition hören, würde sich der Lebensplan sicherlich viel deutlicher und erkennbarer zeigen. Viele Fehler könnten vermieden werden.

Phase 7 – 43. bis 49. Lebensjahr

Die Krisen häufen sich in der Regel zwischen dem 43. und 49. Lebensjahr. Die Unzufriedenheit mit dem Erreichten, die fehlenden und nicht gelebten Ideale treten ins Bewusstsein, die Suche nach dem Sinn des Lebens wird verstärkt. Neue Ideen und Prioritäten entstehen, und die Angst, die gesteckten Ziele nicht zu erreichen und es nicht mehr rechtzeitig zu schaffen, steigt.

Um die eigene »Komfortzone« zu verlassen, bedarf es der Eigenverantwortung und des Mutes!

In dieser Phase stehen viele Ehen auf dem Prüfstand. Die Kinder sind groß, sie sind aus dem Haus oder zumindest mehr oder weniger unabhängig, und die Ehefrauen beginnen, über ihr zurückliegendes Leben nachzudenken. Oft, kurz vor oder nach der Silberhochzeit, kommt die Erkenntnis, etwas ändern zu müssen, wenn man sich selbst finden und leben will. Nun steht – sehr zum Leidwesen der Ehemänner – die Selbstverwirklichung der Frauen im Mittelpunkt.

Die Zweifel mehren sich, ob Sie alles richtig gemacht haben oder ein anderer Weg doch besser gewesen wäre. Ihre Seele zeigt Ihnen, was

Sie alles bewerkstelligen wollten, und führt Ihnen immer deutlicher Ihre Unzulänglichkeiten vor Augen. Sie würden ja auch alles gern ändern, wenn – ja wenn da nicht die Angst wäre. Die Angst davor, was die noch lebenden Eltern sagen, was der Partner oder die Kinder denken, wie es die Menschen in Ihrem Umfeld aufnehmen würden. Denn eines wird Ihnen bei all Ihren Überlegungen klar: Sie müssten Ihre »Komfortzone« verlassen, wenn Sie Änderungen vornehmen wollen. Und je mehr Sie sich damit beschäftigen, desto mehr Argumente tauchen auf, es doch nicht zu tun.

Phase 8 – 50. bis 56. Lebensjahr

Weisheit und Reife sollten die Privilegien des Alters sein.

Mit all diesen Ängsten, Zweifeln und Unzufriedenheiten beginnen Sie den nächsten Zyklus. 7 x 7 = 49, Sie feiern Ihren 50. Geburtstag, mehr als die Hälfte Ihres Lebens haben Sie hinter sich. Sie streben mehr und mehr nach Unabhängigkeit. Männer wollen es noch einmal wissen, wollen sich beweisen, etwas ganz großes Neues machen, aussteigen aus dem Alltagstrott. Sie haben einen großen Willen zur Veränderung, es ist wie ein zweiter Frühling. Dieser Wille ist ein Zeichen Ihrer Seele in Verbindung zu Ihrem Höheren Selbst, dass Sie noch vieles machen können und sollten. Folgen Sie diesen Zeichen, wird alles gut. Doch wenn Sie an der Stelle verharren und Ihrer inneren Stimme und Ihren Empfindungen nicht folgen, verstärken sich die Krisen. Innere Konflikte fressen Sie auf und rauben Ihnen Energie, Energie, die Sie so gut für Regeneration und Wohlbefinden brauchen könnten. Schwere, chronische Erkrankungen wie z. B. Krebs, Rheuma oder Depressionen können die Folge sein. Es ist eine Phase des Erkennens, die Zeit, doch noch den Wandel herbeizuführen. Die Zeichen des Lebensplans treten nun deutlich an die Oberfläche. Noch besteht die Chance, vieles zu richten.

Phase 9 – 57. bis 63. Lebensjahr

Bis hierher haben Sie viel Wissen und viel Erfahrungen sammeln dürfen, das kommt Ihnen nun zugute. Sie haben ohne größere Probleme den letzten Zyklus überstanden. Sie haben die individuelle Reife einer gestandenen Persönlichkeit erlangt. Sie leben mit Ihrem Wissen und Können und wirken immer mehr durch Ihr Sein. Intuitiv treffen Sie Entscheidungen. Ihre Meinung und Ihre Erfahrung sind gefragt. Sie haben wieder mehr Muße, sich den schöneren und angenehmeren Dingen des Lebens zu widmen, Sie ernähren sich bewusster und haushalten mit Ihren körperlichen Energien. Voraussetzung dafür wäre allerdings, dass Sie sich nicht zu sehr auf Ihr erworbenes Verstandeswissen verlassen, sondern sich wieder mehr den spirituellen Themen widmen und sich Ihrem Höheren Selbst öffnen. Sie können beginnen, die Stationen dieser Inkarnation zu bereinigen und zu klären und zu einem guten Abschluss zu führen. Ihr emotionaler Körper wird durch den mentalen Körper nicht mehr blockiert, er ist leicht zugänglich und kann entsprechend transformiert werden. Sie gehen voll bewusst auf einen neuen Lebensabschnitt nach einem erfolgreichen beruflichen und familiären Leben zu: Ihren wohlverdienten Ruhestand.

Das gesamte Leben findet immer nur im Hier und Jetzt statt, egal, wie alt Sie sind. Es geht immer darum, die Herausforderungen jederzeit anzunehmen.

Phase 10 – 64. bis 70. Lebensjahr

Doch Achtung: Wie viele Menschen haben ihr freies und bewusstes Leben, ihr Glück, auf »die Zeit danach« verschoben und es nicht mehr umsetzen und genießen können, weil sie über die Jahre hinweg regelrecht Schindluder mit ihrer Gesundheit getrieben haben? In dieser Phase kann es vorkommen, dass Körper und Seele streiken und dass der Wechsel von 100 Prozent Leistung auf fast null alles aus dem Gleichgewicht bringt. Was machen Sie nun mit der vielen freien Zeit? Wie kommen Sie damit zurecht, nicht mehr so gefragt und wichtig zu sein? Immer weniger Menschen bewältigen diesen Wechsel locker. Ohne Aufgabe und Ziel in den Tag hineinzuleben ist nicht jedermanns Sache. Wenn Sie jedoch bereits in jüngeren Jahren Ihren Lebensplan erkannt haben und ihm gefolgt sind, dann ergeben sich genau die richtigen und sinnvollen Tätigkeiten für diesen Lebensabschnitt.

Rückblickend sieht vieles anders aus. Wenn Sie später auf das Erlebte schauen und darüber lachen können, dann können Sie es auch gleich tun.

70 Jahre und älter

Ein kompletter Sieben-Jahre-Zyklus ist nun vollendet. Wenn alles zu Ihren Gunsten verlaufen ist, haben Sie eine höhere Ebene erreicht. Zwar lassen die physischen Kräfte etwas nach, doch Seele und Geist können sich frei entfalten. Ohne Druck aus dem Umfeld lassen sich noch sehr viele Ziele im eigenen Rhythmus erreichen. Sie müssen niemandem mehr etwas beweisen. Auch wenn Alter kein Privileg ist, so konnten doch sehr viele Erfahrungen gesammelt und die individuelle Entwicklung gefördert werden. Setzen Sie dies nun für das Kollektiv Mensch ein, so profitieren nicht nur Sie, sondern auch viele andere davon. Folgen Sie auch jetzt noch Ihrer Intuition, so werden Sie selbst im fortgeschrittenen Alter nicht allein sein; der Lebensplan kann auch hier noch wundervolle Aspekte beinhalten.

Leben im Hier und Jetzt

Jeder Sieben-Jahre-Zyklus Ihres Lebens hat bestimmte Qualitäten und wartet mit eigenen Herausforderungen auf. Sowohl die Qualitäten als auch die Aufgaben zeigen sich erst ab dem jeweiligen Reifegrad. Um Ihren Lebensplan zu erkennen, gilt es, sich auf den jeweiligen Zyklus gut einzustellen. Meine Empfehlung lautet: Leben Sie ab sofort im Hier und Jetzt. Nehmen Sie das Leben mit all seinen Herausforderungen und Aufgaben dankend an, Sie haben es sich bis hierher selbst erwählt und erschaffen. Nehmen Sie das Steuer in die Hand. Es ist Ihr Leben! Mit Matrix Inform erreichen Sie eine gute Anbindung an Ihr Höheres Selbst und an Ihren Lebensplan. Sie nehmen Ihre Empfindungen wieder wahr und können besser und direkter darauf reagieren. Sie steuern wieder selbst.

Die gesamte Evolution verläuft in Zyklen

Jede Art von Entwicklung hat Höhen und Tiefen, einen Anfang und ein Ende. Es ist ein ständiges Gebären, Wachsen, Verwelken und Vergehen. Solche Zyklen lassen sich in allen Bereichen des Lebens finden. Auch die Erde ist bestimmten Zyklen unterworfen; sie erstrecken sich allerdings meist über sehr lange Zeiträume und sind für uns Menschen schwer nachvollziehbar. Zu diesen Erdzyklen gehören z. B. das Entstehen und Vergehen von Kontinenten, Pflanzenarten und Tiergattungen, der Aufstieg und Niedergang einzelner Völker, das Erblühen und Verwelken ganzer Wirtschaftszweige und einzelner Unternehmen. Und jeder große Zyklus ist wiederum unterteilt in kleinere Zyklen.

Ob auf großer oder auf kleiner Ebene, auf kosmischer oder individueller Ebene: Alles ist in einem ständigen Wandel begriffen.

Auf den Menschen übertragen, besteht ein großer Zyklus im Leben auf der Ebene der Seele – ohne physischen Körper – und ein kleinerer Zyklus im Leben im physischen Körper. Letzteres ist dann in wiederum noch kleinere Zyklen unterteilt, wie dies beispielsweise leicht am Biorhythmus festzustellen ist.

Individueller Biorhythmus

Ein Biorhythmus beginnt am Tag der Geburt und endet mit dem physischen Tod. Allgemein bekannt sind drei Bereiche, die in der Abbildung unten jeweils in Sinuskurven dargestellt sind.

Im Biorhythmus wird der sehr hoch schwingende spirituelle Körper nicht dargestellt.

▸ Die gepunktete Linie in der Grafik zeichnet die intellektuelle bzw. mentale Biorhythmuskurve und durchläuft einen Zyklus in 33 Tagen. In den Bereichen der positiven Halbwelle ist die Person mental leistungsfähig und entsprechend aufnahmefähig. Mentale Aufgaben wie Mathematik, logisches Denken und das Verfassen von Schriftsachen fallen leicht.

▸ Die gestrichelte Linie in der Grafik zeichnet die emotionale Biorhythmuskurve und durchläuft einen Zyklus in 28 Tagen. In den Bereichen einer positiven Halbwelle ist die Person emotional besser belastbar, hat eine bessere Stimmungslage, strahlt mehr Lebensfreude aus und meistert den Alltag leichter.

▸ Die durchgezogene Linie in der Grafik zeichnet die körperliche Biorhythmuskurve und durchläuft einen Zyklus in 23 Tagen. Wäh-

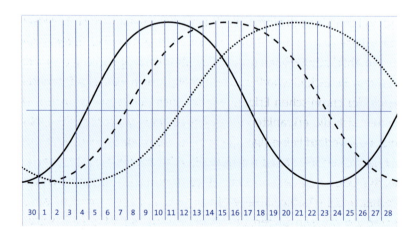

rend der positiven Halbwelle ist die Person körperlich belastbarer, leistungsfähiger und stark. Sportlich können Höchstleistungen erbracht werden.

Durch die unterschiedliche Dauer der Zyklen verschieben sich die Höhen und Tiefen; ist z. B. der physische Rhythmus im Hoch, ist der emotionale im Tief. Durch die Phasenverschiebung sind aber auch immer wieder einmal alle Kurven etwa zur gleichen Zeit im Hoch oder auch im Tief. Dann fühlen Sie sich in jeder Beziehung leistungsstark oder unkonzentriert und wenig belastbar.

Angenommen, die Leistungsfähigkeit und die Energien einer Person sind sehr gering, dann bewegen sich die Biorhythmen auf einer niedrigen Nulllinie und einem sehr niedrigen Niveau. Dadurch sind auch die Höhen nicht besonders ausgeprägt. Schaffen wir es, wie auch immer, das Niveau, also die Nulllinie, anzuheben, erhöhen sich die Leistungsfähigkeit und die gespeicherte Energie. Im Resultat sind die Tiefs nicht mehr so tief und die Höhen deutlich höher.

Regeneration und Degeneration

Betrachten Sie noch einmal die Sinuskurven in der Grafik: Sie sehen, dass diese sich um eine Nulllinie bewegen und dass es in regelmäßigen Abständen Höhen und Tiefen gibt. Übertragen wir die einmal auf den Bereich Gesundheit / Krankheit, insbesondere auf den Bereich der chronischen Erkrankungen: Auch dort gibt es Phasen, in denen sich die erkrankte Person besser oder schlechter fühlt, obwohl der Verlauf keine signifikanten Veränderungen zeigt.

Ist die Person allerdings auf dem Weg der Besserung, gibt es zwar auch Höhen und Tiefen, doch steigen die Höhen etwas höher als vorher, und die Tiefen sinken nicht mehr so tief wie zuvor. Um das zu erkennen, müssen längere Zeiträume von einigen Wochen betrach-

Da die persönlichen Biorhythmen mit dem Tag der Geburt beginnen, haben Sie darauf direkt keinen Einfluss. Doch die Kurven bewegen sich um eine Nulllinie, die Sie anheben können.

Alles schwingt

Im Folgenden finden Sie einige Beispiele weiterer Zyklen, die einen direkten oder indirekten Einfluss auf unser Wohlbefinden haben.

▸ Atmung: 14- bis 16-mal pro Minute
▸ Schlaf-Wach-Zyklus
▸ Nahrungsaufnahme, Nahrungsverwertung und Ausscheidung
▸ Organuhr: 24-Stunden-Rhythmus
▸ Hormonzyklus: 28 Tage, oft im Einklang mit dem Mond
▸ Zyklus der vier Jahreszeiten

Sind Sie im Rhythmus Ihrer Zyklen, haben Sie einen deutlich leichteren Zugang zu den Potenzialen, die in Ihrem Lebensplan angelegt sind. Sie sind im wahrsten Sinne des Wortes im Fluss Ihres Lebens.

Wenn Sie vielleicht 30 Jahre und länger gegen Ihren Lebensplan gelebt und gearbeitet haben, dann dauert es auch einige Wochen oder sogar Monate, bis alles wieder in Harmonie gebracht ist.

tet werden. Betrachtet man nur die Tagesform, kann es sein, dass gerade ein Tief ansteht und der Krankheitsverlauf entsprechend bewertet wird. Umgekehrt ist es genauso: Verschlechtert sich eine chronische Krankheit, sind die Höhen nicht mehr so hoch und die Tiefen immer tiefer. Auch das wird erst über einen längeren Zeitraum von mehreren Wochen betrachtet sichtbar.

Das ganze Leben im Universum beruht auf Wellen und Schwingungen, und auch die Evolution verläuft in wellenförmigen Zyklen. Übertragen wir diese Denkweise auf den Lebensplan, dann gelten die gleichen Gesetzmäßigkeiten. Die jeweilige Entwicklung unterliegt Höhen und Tiefen; im Prinzip geht es darum, die Höhen und Tiefen auf einem möglichst hohen Niveau zu erleben.

Den Lebensplan erkennen

Herausforderungen annehmen

Wenn ich den Lebensplan in meinen Seminaren anspreche, fragen die Teilnehmer oft: Wie kann ich erkennen, dass ich meinen Lebensplan lebe? Die Antwort: Wenn Sie mit allen Facetten Ihres Lebens rundum glücklich sind! Wenn Sie das leben, was Ihnen Freude bereitet. Haben Sie dagegen Krisen, leben Sie Ihren Lebensplan nicht.

Das Leben verläuft in verschiedenen Etappen oder Zyklen. Jede Phase hat besondere Schwerpunkte, Reize und Herausforderungen. Gehen Sie davon aus, dass niemand Sie gezwungen hat, dieses Leben zu leben, dass Sie freiwillig an den Aufgaben in Ihrem Lebensplan mitgewirkt haben. Sie haben einen Abenteuerurlaub gebucht: Sie wollten sich den Gefahren und Herausforderungen stellen und als Sieger oder Bezwinger erfolgreich die erlebten Erfahrungen für sich und andere integrieren. Dazu haben Sie sich mit einigen Mitreisenden verabredet, wann und unter welchen Bedingungen Sie sich treffen, um sich gemeinsam den Herausforderungen zu stellen.

Jeder Lebensplan beinhaltet die unterschiedlichsten Aspekte. Schon die Umstände, in die jemand hineingeboren wird, sind so gestaltet, dass die besten Voraussetzungen bestehen, um die gewünschten Erfahrungen auch wirklich machen zu können.

Emotionale Verflechtungen lösen

Sind im Rahmen Ihres Lebensplans die Reiseroute und das Ziel festgelegt, beginnt die Detailplanung. Es geht um die passende Epoche, die idealen irdischen Umstände und die besten Voraussetzungen für alle Beteiligten. Sie suchen sich Ihre Eltern aus, um am richtigen Platz zu starten. Schon hier greifen die ersten Herausforderungen. Viele Menschen haben Zeit ihres Lebens Probleme mit ihren Eltern oder zumindest mit einem Elternteil. Aus der Sicht des Lebensplans ist das auch sinnvoll, denn es ist ein Teil des Plans, Verstrickungen aus vergangenen Leben zu lösen und zu transformieren. Das wollen beide Seiten. Da aber der Verstand keine Ahnung von früheren Leben hat, es in unserer Gesellschaft auch wenig bekannt ist bzw. vorgelebt wird und die christliche Kirche als Seelenhelfer die Reinkarnation aus den Lehren entfernt hat, werden die emotional geladenen Energien nicht gelöst, sondern in den meisten Fällen noch verstärkt. Diese tauchen dann in einem folgenden Leben noch einmal als Aufgabe auf. Die wichtigste Herausforderung eines Lebensplans könnte lauten, sich mit den Menschen, insbesondere mit der eigenen Familie, auszusöhnen.

Stellen Sie sich einfach vor, dass auch Ihre Eltern einen Lebensplan haben und Sie ein Teil davon sind.

Familienbande – Fluch oder Segen?

Wenn man bestehende Familien mit Kindern betrachtet, so fällt immer wieder auf, wie unterschiedlich die Kinder sein können, sowohl im Charakter als auch in ihren Vorlieben und Ausdrucksweisen. Bei einigen Familien könnte man den Eindruck gewinnen, dass eines der Kinder bereits im Schulalter einen Elternteil bemuttert, bevormundet oder gar beherrscht. Geschwister stehen sich mitunter als Widersacher gegenüber oder pflegen ganz im Gegenteil eine innige Beziehung zueinander. Keines der Geschwister einer Familie gleicht den anderen in dieser Familie, jedes Kind entwickelt sich anders und zeigt unterschiedliche Charakterzüge. Manche erinnern an den schon lange verstorbenen Opa, an den Onkel oder an die Tante. Familien sind demnach kein willkürlich zusammengewürfeltes Seelentreffen; je enger das familiäre Verhältnis, desto mehr gemeinsame Aufgaben stehen zur Bearbeitung an.

Gehen Sie davon aus, dass dies so gewollt und Ihrer und der Entwicklung der anderen nützlich ist und dient. In den unterschiedlichsten Konstellationen treffen sich die richtigen Seelen zur richtigen Zeit. Im Laufe Ihres »Abenteuerurlaubs« trennen sich die Wege manchmal auch wieder, und andere Seelen kommen hinzu. Es findet ein ständiger Wandel statt.

In ihrem Buch *Das Leben aktiv gestalten mit Matrix Inform* führten die Autoren das Machtwort »Entflechten« ein, bei dem es speziell darum geht, emotionale Verflechtungen in der Familie zu lösen, um einen unbelasteten Umgang aller Beteiligten wieder möglich zu machen. Im praktischen Teil dieses Buchs (siehe S. 133ff.) können Sie sich mit diesem Machtwort erneut vertraut machen.

Alles geschieht wie von unsichtbaren Händen gesteuert.

Gefühle als Navigationsgerät

Je nach Alter und Lebensabschnitt werden Sie von Menschen, Dingen, Themen oder Situationen angezogen. Sie kommen in Resonanz mit diesen Menschen und Dingen, etwa auf die folgende Weise:

▸ Sie werden innerhalb kürzester Zeit mehrfach mit einem für Sie vollkommen unbekannten Thema konfrontiert. Sie lesen etwas in einem Magazin darüber, eine Bekannte erzählt Ihnen davon, und / oder ein Buch zum Thema erregt Ihre Aufmerksamkeit.

▸ Sie gehen spazieren und sehen flüchtig einen unbekannten Menschen; etwas fällt Ihnen auf, doch Sie verdrängen es. Einige Stunden später, vielleicht beim Einkaufen, stoßen Sie fast mit dieser Person zusammen, und einige Tage danach wird Ihnen diese Person dann von einer Freundin vorgestellt.

DEN LEBENSPLAN ERKENNEN – HERAUSFORDERUNGEN ANNEHMEN

▸ Sie werden immer wieder von bestimmten Menschen wie magisch angezogen. Es gefällt Ihnen, was sie machen und wie sie ihr Leben führen und gestalten.

▸ Sie werden immer wieder in vergleichbare Lebenssituationen gebracht bzw. mit bestimmten Bedingungen konfrontiert, obwohl Sie dies nicht bewusst steuern.

▸ Sie begeben sich gern an für Sie interessante Orte, z.B. Städte, Museen, Kirchen, Burgen, Schlösser, Ruinen, Theater, Kraftplätze, Kultstätten und dergleichen mehr.

Wenn Sie sich in den oben genannten Situationen befinden, dann achten Sie einmal auf Ihre Gefühle. Wie fühlt es sich an? Sind Ihre Gefühle angenehm und aufbauend oder eher störend und belastend? Im ersteren Falle gewinnen Sie Energie, und die Situation oder der Mensch bringt Sie Ihrem Lebensweg näher. Im zweiten Fall stehen Aufgaben und Herausforderungen dahinter, die Sie noch zu lösen haben.

Werte sind etwas »Wertvolles« und etwas »Kraftvolles«. Ihre Werte zeigen Ihre Persönlichkeit und Einzigartigkeit. Wenn Sie Ihre Werte leben, entstehen innere Harmonie, Wohlbefinden und Selbstsicherheit.

Gefühle und Empfindungen weisen den Weg

Achten Sie bei den Menschen und Dingen, die Ihnen begegnen und die Sie anziehen, immer auf Ihre Gefühle und ob Sie dabei Energie gewinnen oder verlieren. Gefühle sind ein wunderbares Navigationsgerät. Sind Sie nach der Begegnung oder Begebenheit in guter Stimmung und energiegeladen oder eher bedrückt und deprimiert? Wenn Sie aufgefordert werden, Entscheidungen zu treffen, achten Sie ebenfalls auf Ihre Gefühle. Betrachten Sie nacheinander beide Möglichkeiten und spüren Sie in sich hinein. Wie fühlt es sich im ersten Fall an? Wo liegt der Nutzen für Sie und alle Beteiligten? Was zieht Sie an, was verursacht möglicherweise Bedenken? Zum direkten Vergleich verfahren Sie dann ebenso mit der zweiten Möglichkeit. Wenn Sie diese Vorgehensweise noch mit einer Matrix-Inform-Anwendung unterstützen, werden Sie relativ schnell und klar Ihre Entscheidungen treffen können. Führen Sie dazu die Zwei-Punkt-Methode durch, wie sie ab Seite 164 beschrieben ist.

Wertesystem als Teil der Matrix

Sie haben Werte, jeder hat Werte. Ihr Wertesystem ist Teil Ihrer Matrix und bringt Sie Ihrem Lebensplan näher, wenn Sie Ihre Werte auch leben. Doch in vielen Fällen fallen die persönlichen Werte durch Anpassung und Kompromisse dem Alltag zum Opfer. Wir machen tagein, tagaus Kompromisse: mit der Familie, für den Arbeitsplatz, für die Gesellschaft, aufgrund moralischer Vorstellungen, wegen der Kirche, weil alle es so machen. Im Laufe einer Erdeninkarnation werden viele persönliche Werte zurückgestellt, beschnitten oder unterdrückt.

Menschen lieben ihre Freiheit und Unabhängigkeit und unterschreiben gleichzeitig Darlehensverträge für Häuser und Immobilien für die nächsten 30 Jahre oder binden sich durch langfristige Mietverträge. Freiheit und Unabhängigkeit stehen im krassen Gegensatz zu Sicherheit und Beständigkeit. Sie sind nicht frei und unabhängig, wenn Sie angstvoll an Ihre eventuell zu kleine Rente denken, die Sie vielleicht erst in 20 Jahren bekommen werden – vorausgesetzt Sie überleben bis dahin.

Fühlen Sie in die Wertebegriffe hinein, um mit Ihren in Ihnen angelegten Werten in Resonanz zu gehen. Wenn Sie auf Begriffe stoßen, die Sie ansprechen, verbinden Sie sich durch eine Matrix-Inform-An-

Viele Kulturen pflegen den Wert der Gastfreundschaft. Der Gast wird höher gestellt als die eigenen Bedürfnisse – für eine westliche Kultur heute nahezu unvorstellbar.

Werte leben

Werte lassen sich in allen Lebensbereichen finden und leben. Die folgende Liste erhebt keinesfalls Anspruch auf Vollständigkeit:
Moral, Sitte, Anstand, Freiheit, Gleichheit, Brüderlichkeit, Respekt, Toleranz, Ehrlichkeit, Pünktlichkeit, Sittlichkeit, Optimismus, Fleiß, Freundschaft, Zuverlässigkeit, Integrität, Hilfsbereitschaft, Gastfreundschaft, Zivilcourage, Liebe, Gerechtigkeit, Harmonie, Bescheidenheit, Sinnlichkeit, Pflichterfüllung, Tapferkeit, Disziplin, Taktgefühl, Weisheit, Treue, Tugend, Glauben, Nachhaltigkeit, Mut, Familie, Vertrauenswürdigkeit, Wohlstand, Einer für Alle, Partnerschaft, Tradition.
Da sich einige Werte widersprechen, ist es logisch, dass Sie sich nicht alle der aufgelisteten Werte in den Lebensplan geschrieben haben.

wendung mit dem Energiefeld dieses Wertes, um Ihre Resonanz zu aktivieren. Gehen Sie wie ab Seite 164 beschrieben vor und ergänzen Sie die Zwei-Punkt-Methode z. B. mit der Absicht »Mut aktivieren«, »Freiheit aktivieren« oder »Gerechtigkeit aktivieren«.

Akzeptieren geht auf das lateinische Wort »capere« (fassen, auffassen, begreifen) zurück. Akzeptieren ist damit die intensivste Form des Verstehens überhaupt.

Spiegel führen
zur Selbsterkenntnis

Sie können nur über etwas in Wut geraten, wenn Sie es in sich tragen! Das Akzeptieren von Spiegeln ist eine der größten Herausforderungen, denen Sie sich stellen müssen.
Wenn Sie über etwas in Wut geraten oder anderweitig emotional auf Menschen, Dinge und Situationen reagieren, dann gehen Sie mit diesen Schwingungen in Resonanz. Sie können allerdings nur

mit etwas in Resonanz gehen, das Sie selbst als Schwingung in Ihrem Energiekleid angelegt haben.

Kinder halten uns in allen Bereichen Spiegel vor. Dazu ein kleines Beispiel: Die Tochter schreibt in Englisch eine schlechte Note. Mama nimmt es gelassen zur Kenntnis, Papa regt sich furchtbar darüber auf. Darauf die Mama: »Ist doch nicht so schlimm, das kenne ich aus meiner eigenen Schulzeit.« Am nächsten Tag regt sich die Mama wieder einmal über die chaotischen Zustände im Zimmer der Tochter auf und beklagt sich bei Papa darüber, dass sie der Tochter schon zum hundertsten Mal gesagt habe, endlich aufzuräumen. Doch Papa bleibt völlig ungerührt und erwidert nur: »Was regst du dich denn so auf, ich habe mein Zimmer auch nicht gern aufgeräumt.«

Ein anderes Beispiel: Wieder einmal regen Sie sich über das, aus Ihrer Sicht, langsame Auto vor Ihnen auf und steigern sich regelrecht in die Wut hinein: »Dem sollte man den Führerschein entziehen, so etwas gehört verboten, warum ist jetzt keine Polizei da, um den Fahrer zu belehren. Immer wenn man die Polizei braucht, ist sie nicht da!« Sie fühlen sich in Ihrer Freiheit, schnell und ungehindert zu fahren, beschränkt. Der Fahrer vor Ihnen bremst Sie aus, er behindert Sie. Wenn Sie später etwas Ruhe haben, hinterfragen Sie sich einmal: Bei welcher Gelegenheit bremse ich andere im Leben aus und behindere sie in ihrer freien Entwicklung und Entfaltung? Das kann bei Ihrer Familie, bei Ihrem Partner, Ihren Kindern, im Beruf oder andernorts sein.

> Vitametik ist eine Gesundheitspflege für Muskulatur und Nervensystem. Es wird mit einem Fingerimpuls an einer bestimmten Stelle der Halsmuskulatur das Zentralnervensystem dazu veranlasst, alle Körperfunktionen zu überprüfen, um die Selbstheilungskräfte zu aktivieren.

Spiegel erkennen

Ich möchte Ihnen noch eine kleine Geschichte, wie ich sie vor einigen Jahren erlebte, nicht vorenthalten. Ich war damals Ausbilder von Vitametik und Vorstand des Berufsverbandes für Vitametiker.

Um Ausbildungsteilnehmern auch den Praxisalltag nahezubringen, konnten diese bei praktizierenden Kollegen hospitieren. Eines Tages rief mich eine Kollegin an; sie informierte mich darüber, dass sie zum wiederholten Male beobachtet hatte, dass Hospitanten ungefragt Prospekte aus ihrer Praxis mitnahmen. Sie fühlte sich bestohlen, auch wenn es sich dabei nur um geringe Beträge handelte.

Wir sprachen über die Spiegelgesetze, und ich fragte sie, ob es in ihrem Leben Situationen gäbe, in denen sie jemand anderem etwas wenig Wertvolles ungefragt wegnehmen würde. Als sie keine Idee hatte, sagte ich: »Das könnte z. B. sein, dass du bei deinem Sohn im Zimmer immer seine Gummibärchen naschst.« Worauf sie spontan sagte: »Ja, immer die weißen.« Nach einem herzlichen Lachen hatte sie ihren Spiegel erkannt und akzeptiert. Interessanterweise fehlten danach auch keine Prospekte mehr.

Spiegel zeigen Ihnen Ihre Schwächen und Ihre nicht gelebten Wünsche.

Um den Spiegel zu erkennen, können Sie auch anhand der erlebten Situation und der daraus entstandenen Emotion eine Matrix-Inform-Anwendung durchführen. Stellen Sie eine Zwei-Punkt-Verbindung her (siehe S. 164ff.) mit der Absicht, die entsprechende Emotion zu transformieren.

Lebenskrisen als Wegweiser

Jede Krise ist ein Zeichen, dass Sie Ihren Lebensplan nicht leben. Je größer die Krise, desto weiter entfernt sind Sie von Ihrem Lebensplan. Doch auch bei dieser Betrachtungsweise müssen Sie einiges beachten. Wer und was bestimmt die Krise? Ist es wirklich Ihre Krise oder die der Familie, der Freunde, der Gesellschaft, des Vereins, der Politik, der Firma, des Chefs? Haben Sie sich vielleicht von deren Krise anstecken lassen?

Viele vermeintliche Krisen kommen von außen und werden von Ihnen zu Ihren eigenen gemacht. Nehmen wir einmal an, Sie sind glücklich verheiratet und haben eine ansprechende Stellung bei einer Firma, in der Sie sich wohlfühlen. Sie, Ihre Frau und die Kinder sind gesund und glücklich. Alles ist gut und scheint perfekt … wenn, ja wenn da nicht die Medien wären, die Ihnen in jedem Nachrichtenblock zeigen, wie schlecht das Leben doch ist. Kriege, Unfälle, Raub, Mord, Lügen, Katastrophen und Krisen – worüber die Nachrichten auch berichten, alles ist negativ. Die Währung ist unsicher, die Renten sind gefährdet, die Krankenkassenbeiträge werden auch wieder erhöht, der Benzinpreis steigt weiter, die Steuern auch … Wenn Sie jetzt nicht aufpassen, kommen Sie in eine Krise. Alles wird schlecht geredet, obwohl es Ihnen und Ihrer Familie doch gut geht. Die Nachrichten beeinflussen Ihr Denken und Ihr Handeln, Sie machen sich Sorgen um die Zukunft und sehen nur noch schwarz.

Krisen, die nicht die eigenen sind

Wenn Sie persönliche Krisen haben, leben Sie Ihren Lebensplan nicht. Und auch hier müssen Sie etwas genauer hinschauen. Denn vielleicht werden Ihnen die Krisen auch aus Ihrem persönlichen Umfeld aufgezwungen. Obwohl Sie mit Ihrer persönlichen Stellung in der Firma bestens zurechtkommen, möchten Ihre Eltern, Ihre Frau oder Ihr Mann, dass Sie unter allen Umständen befördert werden, und zwingen Sie dazu, Weiterbildungen zu besuchen, um Ihren Status aufzuwerten. Und obwohl Sie es überhaupt nicht wollen, machen Sie es, um des lieben Friedens willen. Nach der Beförderung ist alles anders. Sie kommen mit der auf Ihren Schultern lastenden Verantwortung nicht zurecht, die Überstunden steigen, Unzufriedenheit macht sich breit, die Krise entsteht.

Haben Sie Krisen, dann leben Sie Ihren Lebensplan nicht.

Ungute Wechselwirkungen

Persönliche Krisen können sich in den unterschiedlichsten Bereichen Ihres Lebens zeigen; meist wirken sie sich schrittweise auf andere Lebensbereiche aus. Nehmen Sie z. B. einmal an, Sie fühlen sich in Ihrem Beruf nicht am rechten Platz. Sie sind unzufrieden, Sie fühlen sich unter- oder überfordert, Sie können Ihre Fähigkeiten nicht leben oder haben Probleme mit Kollegen oder sogar mit dem Chef. Je länger Sie in dieser Situation bleiben, desto mehr entsteht eine Krise. Die Folgen könnten sein, dass Sie Ihren Frust zu Hause an der Familie auslassen oder zu trinken anfangen; vielleicht werden Sie depressiv, entwickeln ein Burnout-Syndrom – und schon hat die Krise im Beruf sich auf das Privatleben ausgedehnt. Eine schreckliche Abwärtsspirale.

Egal, in welchem Bereich Ihres Lebens eine Krise ihren Ursprung hat, sie wird sich immer auch auf andere Bereiche Ihres Lebens auswirken. Beziehungsprobleme wirken sich negativ auf Beruf oder Gesundheit aus und umgekehrt. Wenn Sie eine Krise haben, sollten Sie diese auf jeden Fall hinterfragen und dabei auf Ihre Gefühle achten – sie werden Ihnen den Weg weisen.

Jede Art Krise zeigt Ihnen, dass Sie Ihren geplanten Weg verlassen und sich den äußeren Umständen angepasst haben.

Der Krise begegnen

Eine Krise zeigt, dass Sie Ihren eigentlichen Lebensplan verlassen haben, Sie sind im wahrsten Sinne des Wortes nicht mehr in der Spur. Doch um wieder in die Spur zu kommen, müssen Sie bereit sein, Veränderungen einzuleiten und durchzuführen. Das kann anfänglich etwas wehtun, und es gehört eine Portion Vertrauen dazu. Vertrauen in sich, in die eigenen Fähigkeiten und Vertrauen ins Leben an sich. Mit Matrix Inform erhalten Sie Zugänge und Werkzeuge, um die Veränderungen energetisch zu begleiten. Sie lernen, Ihre Krisen als Chance zu sehen, und öffnen sich einem höheren Bewusstsein. Mit Matrix Inform leiten Sie einen Prozess ein, transformieren verdichtete Energien, bekommen immer mehr Klarheit für den richtigen Weg und gestalten dadurch Ihre Zukunft.

Das Lernverhalten »Versuch und Irrtum« ist die typische Vorgehensweise. Als Mensch haben Sie dafür ein Navigationssystem: Ihre Empfindungen und Gefühle. Diese haben ihren Sitz im emotionalen Körper, dem Seelenspeicher; sie weisen Ihnen den Weg, sofern Sie es zulassen und darauf vertrauen.

Im Laufe Ihres Lebens kann es vorkommen, dass Sie von der Ideallinie Ihres Lebensplans abkommen. Erkennen Sie die Zeichen, die Ihnen durch Ihre Empfindungen gezeigt werden, werden Sie Ihre Richtung korrigieren. Wenn nicht, entsteht eine Krise. Reagieren Sie dann immer noch nicht, verschärft sich die Krise zunehmend. Irgendwann ist der Leidensdruck dann so groß, dass Sie förmlich gezwungen werden umzukehren. Oft schlägt das Pendel dann genau in die entgegengesetzte Richtung, bis Sie erneut zum Umkehren gezwungen sind (siehe S. 46). Je mehr Sie Ihren Erfahrungen und Ihren Empfindungen vertrauen, desto schneller können Sie erkennen, wann und weshalb Sie von der Ideallinie abdriften; Sie können dann locker und leicht gegensteuern.

In der Evolution verlaufen alle Entwicklungen spiralförmig.

Orientierungshilfen – dem Lebensplan auf der Spur

Sie bringen viele Erfahrungen, Neigungen und Vorlieben aus vergangenen Leben mit. Dazu haben Sie Schwingungen in Ihrem Ener-

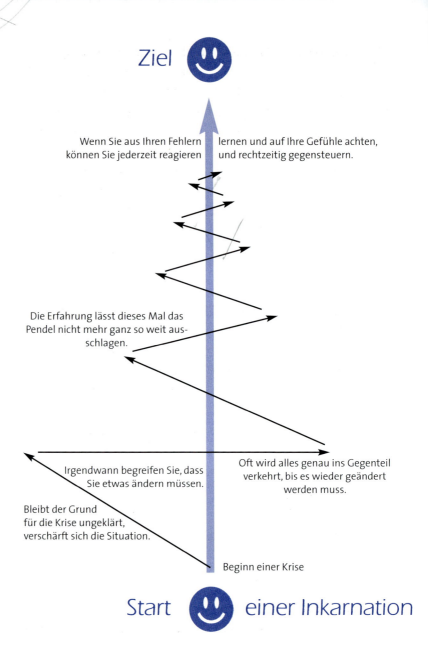

Ziel

Wenn Sie aus Ihren Fehlern lernen und auf Ihre Gefühle achten, können Sie jederzeit reagieren und rechtzeitig gegensteuern.

Die Erfahrung lässt dieses Mal das Pendel nicht mehr ganz so weit ausschlagen.

Irgendwann begreifen Sie, dass Sie etwas ändern müssen.

Oft wird alles genau ins Gegenteil verkehrt, bis es wieder geändert werden muss.

Bleibt der Grund für die Krise ungeklärt, verschärft sich die Situation.

Beginn einer Krise

Start einer Inkarnation

giekleid angelegt, die Sie führen und mit Menschen, Dingen, Lebensbereichen und Lebenssituationen in Kontakt bringen. Gründe hierfür können unterschiedlichster Art sein. Manche sind dafür da, um getroffene Verabredungen mit anderen Seelen wahrzunehmen, um z. B. emotionale Verdichtungen aufzulösen und zu transformieren oder gemeinsame Ideen zu verwirklichen.

Beispielsweise fühlen Sie sich zu einem Land oder mehreren Ländern hingezogen. Sie machen dort immer wieder Urlaub, lieben die Sitten und Gebräuche des Landes, möchten dort leben oder finden Ihren Lebenspartner dort. In solchen Fällen gibt es manchmal noch Erlebnisse, die es zu transformieren gilt, manchmal dienen sie der eigenen Entwicklung.

Betrachten Sie einmal Ihre Vorlieben und die der Menschen in Ihrem direkten Umfeld. Warum fliegt die Nachbarin so gern nach Ägypten? Was reizt Sie selbst so an Spanien? Warum macht Ihre Frau orientalischen Bauchtanz? Warum restauriert jemand ein Haus aus dem 16. Jahrhundert? Warum besuchen Sie so gern Kirchen, Burgen, Schlösser, Ruinen? Warum verbringen Menschen in Vereinen und anderen Gruppen ihre gesamte Freizeit? Wieso haben Ihre Kinder einen Namen aus dem nordischen, slawischen oder einem anderen Kulturkreis? Was fasziniert Sie an einer bestimmten Person aus früheren Zeiten? Warum lieben Sie Rokokomöbel oder interessieren sich für die Renaissance? Wenn Sie mehr über sich und Ihren Lebensplan wissen möchten, können Ihnen solche Fragen helfen, ihn zu erkennen.

Vertrauen ist ein wichtiger Schlüssel zur Bewältigung einer Krise.

Das Leben als Abenteuerreise

Andere Orientierungshilfen erhalten Sie, wenn Sie rückblickend Ihr Leben betrachten und analysieren. Wann ging es Ihnen gut? Was haben Sie in dieser Phase gemacht, beruflich und privat? Welche Angebote haben Sie bekommen? Bei welchen Aufgaben hat man Sie gefragt, ob Sie Interesse haben? Was fiel Ihnen oder fällt Ihnen immer leicht? Wann und bei welcher Gelegenheit waren Sie gut und gefragt?

Kraft Ihres Lebensplans liegen Start und Ausgangsposition Ihrer Reinkarnation fest. Dies ist vergleichbar mit der Planung einer längeren Reise: Sie wissen, wann und wo Sie starten; weiterhin haben Sie ein Endziel ins Auge gefasst und Zwischenstationen eingeplant. Sie wissen, wen Sie auf Ihrer Reise treffen wollen und welche Erfahrungen Sie machen wollen. Planen wir eine solche Reise in der dritten Dimension, bedienen wir uns ganz konventioneller Mittel – etwa einer Landkarte, des Internets, eines Navigationsgeräts. Wir setzen also unseren Verstand ein.

Der Verstand als Hilfsorgan

Mit dem Verstand allein kommen Sie Ihrem Lebensplan nicht auf die Spur.

Versuchen wir das Gleiche bei der Umsetzung unseres Lebensplans, haben wir ein Problem: Der Verstand kann auf die im Lebensplan gespeicherten Daten nämlich nicht zugreifen. Er dient lediglich dazu, das zu erlernen, was für die Epoche, in der die Reise stattfindet, zum Überleben wichtig ist. Wenig sinnvoll wäre es z. B., wenn Sie für eine Inkarnation im Mittelalter bereits wüssten, wie man einen Pkw fährt oder was ein Flugzeug ist. Umgekehrt ist es ebenso wenig sinnvoll, in der heutigen Zeit die Riten und Gebräuche aus der Steinzeit parat zu haben.

Demnach ist der Verstand ein Hilfsorgan für die Zeit eines Lebens. Doch in unserer so zivilisierten Welt haben wir ihn zum allein gültigen Herrscher erhoben. Nur was der Verstand kennt und akzeptiert, was er analysiert und als wahr anerkennt, gilt. Gefühle und Empfindungen werden vom Verstand als minderwertig und störend abgelehnt. Instinktive Warnungen und intuitive Wahrnehmungen werden mit Argumenten des Verstandes als lächerlich und uninteressant weggeschoben. Und genau hier beginnt das Problem!

Zugang zur Urmatrix

Der Lebensplan ist ein Teil der Urmatrix. Die Urmatrix wiederum steht in direktem Kontakt mit dem Seelenspeicher, dem emotionalen Körper. Neben den gespeicherten Urinstinkten, emotionalen Prägungen vergangener Inkarnationen, sind dort alle Parameter des Lebensplans in Form von Schwingungen, Programmen und richtungsweisenden Elementen angelegt. Zugang haben Sie nicht durch Ihre Gedanken, sondern ausschließlich durch Ihre Empfindungen und Emotionen.

Auch Intellektuelle und ausgesprochen verstandesorientiert lebende Menschen sprechen von Gefühlen. So entsteht z. B. ein gutes Gefühl für eine Sache, wenn sie glauben, alle Aspekte des Vorhabens genau eruiert und analysiert zu haben. Alle gemachten Analysen und zusammengetragenen Fakten scheinen auf Erfolg und Richtigkeit zu verweisen. Das leise im Hintergrund schwingende ungute Gefühl wird mit Argumenten übertönt und als unwichtig weggedrückt. Stur wird das Ziel angestrebt, ohne die leisen Warnungen hören zu wollen, um dann in vielen Fällen nach großem Energieeinsatz und vielleicht erst Jahre später feststellen zu müssen, dass es falsch war.

Aus eigener Erfahrung weiß ich, wie schwer es anfänglich ist, der leisen Stimme der Intuition zu vertrauen. Gerade weil die Argumente des Verstandes so logisch sind. Zu Beginn kann es auch schon einmal sein, dass Sie glauben, es sei Intuition – um dann doch

Sehen Sie genau hin, wenn Menschen, Dinge oder Situationen auf Sie zukommen. Nichts geschieht ohne Grund, denn es kommt nur deshalb auf Sie zu, weil Sie durch das Gesetz der Resonanz mitschwingen. Ohne Resonanz keine Anziehung!

wieder feststellen zu müssen, es war nur der Verstand, der Ihnen Intuition vorgegaukelt hat. Doch lieber ein Mal falsch liegen als immer! In der Technik heißt es: »Ein guter Techniker macht Fehler, ein schlechter Techniker macht den gleichen Fehler mehrmals.« Übertragen bedeutet dies: Sie dürfen Fehler machen, sollten aber daraus lernen, um nicht die gleichen Fehler mehrmals machen zu müssen.

Den Lebensplan leben

Energien transformieren

Wenn Sie Ihren Lebensplan bereits leben – unabhängig davon, ob Sie dies wissentlich oder unwissentlich tun –, geht es Ihnen gut. Sie sind mit dem, was Sie haben und tun, glücklich. Doch wenn dies bei Ihnen so wäre, würden Sie wahrscheinlich dieses Buch nicht in den Händen halten; ich vermute, Sie sind wie viele andere noch auf der Suche nach dem Sinn Ihres Lebens. Mit Matrix Inform und den in diesem Buch aufgezeigten Möglichkeiten können Sie Ihren Lebensplan erkennen und durch die eingeleiteten Veränderungen dann wissentlich leben.

Jeder Lebensabschnitt stellt an Sie unterschiedliche Anforderungen und Aufgaben. In den ersten Jahren eines Lebens besteht noch eine direkte spirituelle Anbindung. Der spirituelle und der emotionale Körper sind direkt zugänglich und noch nicht durch den mentalen Körper begrenzt.

In dieser Phase des Lebens sind die Energiekörper noch relativ ungeschützt und übernehmen oft die Transformation verdichteter Energien für andere Familienmitglieder. So liegen beispielsweise die Ursachen schwerer Erkrankungen bei kleinen Kindern bei den Erwachsenen oder im direkten Umfeld. Mit Matrix Inform werden verdichtete und belastende Energien transformiert. Wenn also kleine Kinder chronische oder schwere akute Erkrankungen haben,

Intuition ist die leise, sich im Hintergrund meldende Stimme. Oft wird sie durch den lauten Verstand übertönt.

dann lassen sich viele Schwingungen auch über die Eltern transformieren; idealerweise sollten daher immer alle Familienmitglieder in den Genuss von Matrix-Inform-Anwendungen kommen.

In Resonanz gehen mit den angelegten Fähigkeiten

Normalerweise weiß Ihr Verstand als Teil des mentalen Körpers nicht, dass es einen Lebensplan gibt. Das Wissen darüber wurde auf einer anderen Ebene gespeichert. Das Wissen um einen Lebensplan wird auch nicht gelehrt. Doch Ihnen stehen dennoch viele Orientierungshilfen zur Verfügung, nach denen Sie sich richten können. In Ihrer Matrix sind für den Lebensplan ganz viele Schwingungen eingewoben. Kommen Sie mit diesen angelegten Schwingungen in Resonanz, reagieren Sie unbewusst locker und leicht.

Bereits kleine Kinder zeigen Begabungen, Fähigkeiten, Talente oder bestimmte Neigungen. Beispielsweise tanzen sie, sie singen, spielen Musikinstrumente, sind sportlich orientiert oder haben Vorlieben bei Sprachen, Büchern, handwerklichen Dingen und dergleichen mehr. Mit dem Eintritt in das Schulalter werden dann viele dieser Neigungen und Talente in den Hintergrund gedrängt und durch reines Lernen ersetzt.

Die Eltern fungieren oft als verlängerter Arm eines falschen Schulsystems. Gute Noten sind das Einzige, das zählt, denn ohne einen guten Schulabschluss besteht die Gefahr, keine gut bezahlte Arbeitsstelle zu bekommen, und die Kinder sollen es ja einmal besser haben. Nicht der einzelne Mensch zählt – die Bewertungsskala in Form von Schulnoten ist für die Zukunft ausschlaggebend. Wurde die Schule einigermaßen erfolgreich absolviert, entscheiden die

Wer seinen Lebensplan nicht lebt, lebt in und mit Krisen. Jede Art von Krise ist ein Zeichen, dass Sie sich nicht im Einklang mit Ihrem Lebensplan befinden.

Noten über den möglichen Beruf oder das Studium. Begabungen, Fähigkeiten, Talente, Neigungen – wen interessiert das. Die möglichen Folgen sind Frustration und Unzufriedenheit. Es entstehen Krisen, die sich in allen Lebensbereichen zeigen können. Frustration im Beruf müssen die Kollegen, die Mitarbeiter, die Untergebenen und meist auch die Familie ausbaden. Da der Beruf keine Freude macht, klappt es auch nicht mit der Karriere und der Anerkennung. Der Frust sitzt in den Knochen und macht krank. Das Geld reicht auch nur gerade so. Wo bleiben da der Sinn des Lebens und die Chance auf Weiterentwicklung?

Die eigenen Besonderheiten leben

Das Schulsystem und das gesellschaftliche Denken wollen alle Menschen gleich und austauschbar machen. Doch Sie und alle anderen Menschen sind einzigartig. Kein anderer hat die gleichen Talente und Fähigkeiten in Form von Schwingungen in seinem Energiekleid angelegt. Jeder ist dadurch etwas Besonderes, ein Unikat und eben nicht austauschbar bzw. ersetzbar.

Kombinieren Sie in Ihrer Vorstellung einmal einen Lebensplan mit all seinen Facetten und Vorgaben mit dem neu Erlernten und den Erfahrungen einer Person und versuchen Sie, dies dann mit einer anderen Person zu vergleichen. Sie werden feststellen, dass das nicht geht. Die Unterschiede sind schon an der Oberfläche deutlich erkennbar. Warum sollten dann alle Menschen über einen Kamm geschoren werden? Nehmen Sie jeden Menschen so, wie er ist, und bringen Sie ihm Anerkennung, Wertschätzung und Liebe entgegen. Sie werden wahre Wunder erleben.

Selbst wenn Kinder sportlich aktiv sind und Sportarten wie Reiten, Fechten oder Boxen betreiben, dies aber im Gegensatz zu Fußball oder Geräteturnen keine Lehrfächer sind, wird dies bei der Benotung im Allgemeinen nicht berücksichtigt.

Die Leichtigkeit leben

Sicherlich gibt es in Ihrem Leben auch Tätigkeiten und Arbeiten, die Ihnen sehr schnell und leicht von der Hand gehen. Ganz nebenbei verrichten Sie solche Tätigkeiten. Sie sind für Sie absolut normal, Sie machen sich auch keinerlei Gedanken darüber. Werden Sie von anderen auf diese Tätigkeiten angesprochen, spielen Sie die Fähigkeit, das Können sogar noch herunter, sie sind einfach nichts Besonderes für Sie. Lob und Anerkennung für diese Leistung weisen Sie als übertrieben zurück.

Leben Sie Ihre Besonderheiten, Ihren Lebensplan, und das Leben bekommt einen Sinn gepaart mit viel Abwechslung, Spannung und Lebensfreude.

Weil Ihnen bestimmte Dinge so leichtfallen, sind Sie davon überzeugt, dass sie jeder so kann wie Sie; wenn Sie sehen, wie andere Menschen sich bei vergleichbaren Arbeiten und Tätigkeiten anstellen, regen Sie sich vielleicht sogar auf oder unterstellen, dass der andere das nur so umständlich macht, weil er keine Lust hat oder Sie ärgern will.

Doch werden Sie sich bewusst: Das, was Ihnen leichtfällt, sind Ihre Fähigkeiten. Es ist etwas Besonderes, das nur Sie in dieser Art und Weise können. Sie haben es als Erfahrung mitgebracht, um sich Ihren Lebensweg zu erleichtern, es ist ein Teil Ihrer Matrix. Nutzen Sie dieses Können und seien Sie stolz darauf; nehmen Sie Lob und Anerkennung dafür entgegen, denn der andere meint es ehrlich.

Sie können und dürfen nicht erwarten, dass andere Menschen die gleichen Fähigkeiten haben. Jeder Mensch verfügt über eigene positive Eigenschaften.

Wenn Sie etwas Neues beginnen, und es fließen Ihnen aus den unterschiedlichsten Bereichen Hilfe und Unterstützung zu, und alles geht leicht, dann sind Sie absolut auf dem richtigen Weg. Auch wenn Sie vielleicht noch nicht alle Wissenslücken geschlossen haben oder sich noch nicht ganz sicher sind: Folgen Sie der Energie!

Vorhandene Potenziale aktivieren

Sich an den Lebensplan erinnern bedeutet auch, die angelegten Potenziale zu aktivieren. Sobald die Zeit reif ist, treten sie an die Oberfläche. So ist es beispielsweise wenig sinnvoll, im Kindesalter über das Können eines 40-Jährigen zu verfügen. Je nach anstehendem Lebensabschnitt öffnen sich die im Lebensplan angelegten Fähigkeiten – vorausgesetzt, die weltlichen Widerstände und die Fremdbestimmungen sind transformiert. Achten Sie auf die Dinge, die auf Sie zukommen und Ihre Aufmerksamkeit erregen, denn Sie gehen damit in Resonanz. Leben Sie Ihre Sehnsüchte und folgen Sie Ihren Wünschen. Manchmal entsteht aus einem anfänglich nebensächlichen Interessensgebiet oder Hobby die spätere Berufung.

Führen Sie dazu die Zwei-Punkt-Methode (siehe S. 164ff.) mit der Absicht »Alle angelegten Potenziale aktivieren« oder »Erinnern an alle Fähigkeiten« durch. Mit der Zeit werden Sie Ihre Fähigkeiten immer schneller und direkter einsetzen können.

Was der Vorname aussagt

Ein Teil in Ihrem Lebensplan betrifft auch den Namen, insbesondere Ihren Vornamen. Sie suchen sich bereits vor der Inkarnation Ihren Namen aus. Wörter, Schriften und Bilder sind verdichteter Ausdruck von Energien. Jeder Buchstabe stellt einen energetischen Ausdruck oder – anders formuliert – eine potenzielle Energie dar. Werden Buchstaben zu Wörtern, in diesem Fall zu Namen, zusammengestellt, so werden hierbei die unterschiedlichsten Potenziale einge-

Wir alle haben unterschiedliche Kenntnisse, Fähigkeiten, Talente und Potenziale und einen eigenen Lebensplan.

woben. Im Vornamen liegen also energetische Potenziale. Doch wie so oft werden die Namen verändert, abgekürzt, verniedlicht oder ausgetauscht.

Aus einem Ulrich wird ein Uli, aus einem Alexander ein Alex, ein Thomas wird zum Tom, ein Norbert zu Nobse, ein Michael zum Michel oder Mike, ein Rudolf zu Rudi, ein Wolfgang zu Wolf, ein Maximilian zu Max usw. Bei den Mädchennamen ist es nicht anders: Aus einer Christine wird eine Chrissi oder Tine, aus einer Ursula eine Uschi oder Usch, eine Gertraude wird zur Gerdi oder Traudel, eine Susanne eine Susi.

Der Vorname bildet einen Zugang zum morphischen Feld und den Qualitäten aller Menschen, die diesen Namen bereits getragen haben oder gerade tragen.

Träger energetischer Potenziale

Sicherlich kennen Sie aus Ihrem unmittelbaren Umfeld Menschen mit einem abgekürzten oder verniedlichten Vornamen. Machen Sie einmal den Versuch und stellen sich die jeweilige Person unter dem energetischen Aspekt ihres vollen oder richtigen Vornamens vor. Würde der volle Name passen? Eine Elisabeth ist im Gegensatz zu einer Lissel eine beachtenswerte Frau.

Wird eine Frau zeit ihres Lebens nur Trixi anstelle von Beatrix genannt, darf sie sich nicht wundern, wenn sie mit 60 immer noch nicht für voll genommen wird und die energetischen Schwingungen ihrer Potenziale nicht ausleben kann.

Spüren Sie in sich hinein: Wie fühlt sich der Manne anstelle eines Manfreds an? Im hinteren Teil dieses Buchs werden Sie mit der praktischen Anwendung von Matrix Inform und der Zwei-Punkt-Methode vertraut gemacht. Geben Sie auf Ihren richtigen Vornamen einmal eine »Welle«, wie wir sagen, um die vollen Potenziale zu aktivieren. Auch dies kann ein Schritt sein, den eigenen Lebensplan zu erkennen.

Zufälle und Synchronizität

Dem Psychologen Carl Gustav Jung zufolge sind Synchronizitäten relativ zeitnah aufeinander folgende Geschehnisse, ohne eine direkte wissentlich nachvollziehbare Verbindung zueinander. Synchronizität ist auf das griechische Wort »synchron« (gleichzeitig) zurückzuführen.

Als Zufall bezeichnet man Geschehnisse, die ohne erkennbare Ursache zustande kommen. Wer sich mit kosmischen Gesetzmäßigkeiten beschäftigt, weiß, dass es keine Zufälle gibt, sondern dass einem die Dinge »zufallen«. Das Gesetz von Ursache und Wirkung bringt die Menschen, Dinge und Situationen »zufällig« in Ihr Leben. Doch entweder haben Sie in früheren Leben Ursachen gesetzt, die Sie jetzt als Wirkung spüren, oder die Ursachen stammen aus diesem Leben. Oft liegen zwischen den gesetzten Ursachen und deren Auswirkungen sehr lange Zeitspannen, sodass eine bewusste Erinnerung fehlt.

Herbeigeführte Zufälle sind keine Zufälle mehr

Wie zufällig treffen Sie einen Menschen wieder, an den Sie vor wenigen Tagen erst gedacht haben. Wie zufällig ruft Sie genau die Person an, die Ihnen eine wichtige Information zu einem Thema liefert. Ganz zufällig lesen Sie über einen Lösungsansatz für ein Problem, das Sie schon länger beschäftigt.

Die »Zufälle« häufen sich synchron mit Ihren Wünschen und Vorhaben.

Zusammentreffende Ereignisse erscheinen manchmal wie ein Déjà-vu. Voller Verwunderung und Erstaunen nehmen wir es zur Kenntnis – So ein Zufall! –, denken dann aber meist nicht mehr darüber nach. Doch was wäre, wenn Sie »Zufälle« regelrecht provozieren könnten? Wenn Sie die Voraussetzungen schaffen könnten, dass Sie die Menschen, Dinge, Informationen und Situationen, die Sie suchen, brauchen und weiterbringen würden, ohne jeden Aufwand in Ihr Leben holen könnten?

Was wäre, wenn genau zur richtigen Zeit – also synchron – alles da ist oder erscheint, was Sie brauchen?

Folge kosmischer Gesetze

Stellen Sie sich vor, Sie kennen Ihren Lebensplan und folgen Ihren Empfindungen; gleichzeitig haben Sie volles Vertrauen. Von nun an wird sich alles so fügen, so ergeben und synchron stattfinden, dass es nahezu an ein Wunder grenzt. Doch es ist kein Wunder, es ist die Folge kosmischer Gesetze. Wie in einem überdimensionalen Uhrwerk treffen Ereignis um Ereignis genau zur richtigen Zeit, am richtigen Ort, in Kombination mit den richtigen Menschen zusammen. Es fügt sich alles wie von allein!

Die größten Widerstände, dass dies so geschehen kann, tragen Sie, ganz allein Sie in sich, z. B. die Ungeduld. Die Idee, der Wunsch, die geplanten Änderungen sollen sofort stattfinden; wenn das nicht geschieht, kommen Zweifel auf. Doch Zweifel sind ein klarer Ausdruck mangelnden Vertrauens. Wenn Sie zweifeln, glauben Sie nicht an eine Erfüllung und blockieren den Zugang zu Ihrem Höheren Selbst. Sie können die Signale in Form von Empfindungen nicht empfangen; Ihre Intuition ist blockiert, die Erfüllung Ihrer Absicht ist verzögert bis unmöglich.

Die meisten Menschen glauben nicht an Fügungen und halten »Zufälle« für etwas Willkürliches und nicht Planbares. Sie verlassen sich lieber auf ihren Verstand. Mit dem gespeicherten Wissen können

Die Ungeduld gehört zu unseren größten inneren Widerständen. Sicherlich kennen Sie den schönen Ausspruch: Der Herr gebe mir Geduld. Aber sofort!

diese Menschen sehr gut analysieren, kombinieren, planen und organisieren. Da ist kein Platz für Zufälliges, ganz im Gegenteil, Zufälle bringen nur alles durcheinander. Es hätte alles so gut geklappt, hätte da nicht zufällig Herr X angerufen, wäre da nicht zufällig dieses Auto um die Ecke gekommen, wäre mein Kunde nicht krank geworden und so weiter und so weiter.

Synchronizität, das Aufeinandertreffen bestimmter Ereignisse, ist die Folge einer Anbindung an eine universelle Kraft, kombiniert mit einer klaren Ausstrahlung, um das ins Mitschwingen zu bringen, was auch angezogen werden will.

Authentizität –
so sein, wie man scheint

Authentizität geht auf das griechische Wort für echt, verbürgt, zuverlässig zurück. Ein Mensch wirkt durch seine Ausstrahlung, seine Sprache und sein Handeln. Stimmen diese miteinander überein, ist er authentisch.

Wer authentisch ist, wirkt echt und ehrlich; Schein und Sein stimmen überein.

Der Mensch ist, wie er ist, und das macht ihn glaubwürdig. Selbst wenn er in Ihren Augen nicht gerade sympathisch ist, fällt es Ihnen leichter, ihn so zu nehmen, wie er ist.

Ist ein Mensch authentisch, lassen sich selbst seine »Macken« leichter tolerieren. Diese sind in vielen Fällen sogar erwünscht: Wer sich immer anpasst, keine eigene Meinung vertritt und es jedem recht machen will, hat keine eigene Persönlichkeit und wird entsprechend nicht ernst genommen. Wer authentisch lebt, hat immer einen Bonus bei seinen Mitmenschen. Er ist auf eine gewisse Weise berechenbar und daher vertrauenswürdig.

Authentizität ist ein Ausdruck des wahren Seins, der eigentlichen Seele, und wirkt durch die angelegten Schwingungen im Energiekleid. Unbewusst werden so die Schwingungen ausgestrahlt und treffen auf das Gegenüber, um dort ebenfalls eher unbewusst aufgenommen und zugeordnet zu werden.

Leben in der dritten Dimension

Wahrnehmung der Umwelt

Die Matrix und der darin enthaltene individuelle Lebensplan kommen aus der fünften Dimension und höher (5D+); es handelt sich dabei um Vorlagen für das Leben in der aktuellen Realität der dritten Dimension.

Damit der Lebensplan zur Wirkung kommen kann, wird die Matrix in das Feld der Quanten, in die vierte Dimension, heruntertransformiert. Es entsteht ein morphisches Feld. Ihr Bewusstsein aus der 5D+ macht daraus Ihr individuelles morphogenetisches Feld, ein energiegeladenes, informationsbeinhaltendes, schwingendes Feld. Damit Sie Ihr aktuelles Leben in der dritten Dimension wahrnehmen und gestalten können, verfügen Sie über Ihre verschiedenen Sinnesorgane: Augen, Ohren, Nase, Zunge und Haut. Wenn Sie sich und Ihr Leben allerdings genau betrachten, bewegen Sie sich nur in einer virtuellen Welt.

Über unsere Sinnesorgane nehmen wir Kontakt zur Außenwelt auf – sie verbinden unsere Innen- mit der Außenwelt.

Unsere Sinnesorgane

Es gibt Computerspiele, bei denen Sie sich jedes Mal neue Varianten eines virtuellen Lebens generieren. Sie bestimmen im Spiel beispielsweise, wer Sie sein wollen und welche Fähigkeiten Sie mitbringen. Wenn Sie die Vorgehensweise eines solchen Computerspiels vereinfacht auf Ihr jetziges Leben übertragen, wäre Ihre Matrix das Betriebssystem und der Lebensplan die Spielsoftware. Sie wählen aus einer Vielzahl von Möglichkeiten die gewünschte Situation durch die Auswahl der Aufgaben, der integrierten Potenziale und der zu machenden Erfahrungen und bestimmen das Ziel für dieses Leben.

Um ein Computerspiel spielen zu können, brauchen Sie einen Bildschirm und einen Joystick; für das Leben Ihres Lebensplans stehen Ihnen Ihre Sinnesorgane als Werkzeuge zur Verfügung. Mit ihrer Hilfe können Sie in der dritten Dimension handeln. Jedes Sinnesorgan ist mit speziellen Rezeptoren ausgestattet, um die Reize – die Schwingungen – aus der Umwelt aufnehmen und in Nervenimpulse umwandeln zu können.

Die Ohren – Hörsinn

Das Leben findet ausschließlich in Ihrem Kopf statt.

Die Hörwahrnehmung geschieht über Schallwellen. Durch Ihre Sprechorgane – Stimmbänder, Kehlkopf etc. – senden Sie Schwingungen, also Schallwellen, unsichtbar für das Auge durch den Raum. Auch Geräte erzeugen Schallwellen, die Sie dann als Geräusche wahrnehmen; dazu zählen musikalische Kompositionen ebenso wie das Motorengeräusch eines Autos oder schreiende Kinder auf der Straße.

Im Ohr treffen die Schallwellen auf Rezeptoren, bestimmte Nervenzellen, die die Schallwellen in Nervenimpulse umwandeln und über Nervenbahnen zum Gehirn weiterleiten. In den Hörzentren des Gehirns werden die Nervenimpulse erfasst und mit bekannten, abgespeicherten Informationen abgeglichen. Können die Impulse zugeordnet werden, wird aus dem Hören Erfassen und Verstehen.

Begeben Sie sich einmal gedanklich in einen Vortrag. Der Sprecher am anderen Ende des Raumes spricht, Sie hören das Gesagte. Spricht der Sprecher nun in einer Sprache, die Sie selbst nicht erlernt haben, hören Sie zwar, dass er spricht, Sie verstehen das Gesagte aber nicht. Es müssen also noch weitere Parameter hinzukommen, wenn es ums Hören und Verstehen geht.

Um das Gehörte zu verstehen, müssen Sie vorher bereits die Sprache gelernt haben oder die auf Ihre Ohren treffenden Geräusche schon einmal gehört haben, um sie einordnen zu können. Im Prinzip vergleichen Sie das aktuell Gehörte mit dem bereits in der Vergangenheit Erlernten bzw. Erfahrenen und ordnen es zu; erst dann können in Ihnen entsprechende Gedanken, Gefühle und Reaktionen entstehen.

Spricht der Redner über ein Thema, das Ihnen unbekannt ist, und verwendet er dabei womöglich noch Fremdwörter, die Ihnen nicht geläufig sind, so ist Ihre Aufnahmefähigkeit begrenzt. Handelt es sich dagegen um ein Thema, das Ihnen vertraut ist, schweifen Ihre Gedanken leichter ab, und Sie beschäftigen sich mit anderen Dingen. Es fällt Ihnen deutlich schwerer, sich auf das zu Hörende zu konzentrieren.

Jedes Wort und jedes Geräusch besteht aus Schallwellen und ist ausschließlich in Ihrem Gehirn hörbar.

Zunächst einmal sind Schallwellen also nichts anderes als informationsbeinhaltende Schwingungen. Erst durch eine Dekodierung und Zuordnung in Ihrem Gehirn entsteht ein für Sie verständliches Hören. Sie können also hören, müssen aber vorher in Ihrem Gehirn etwas vergleichbares Erlerntes abgespeichert haben. Das ist eine wichtige Funktion des mentalen Körpers für die aktuelle Inkarnation. Wenn Sie in einem früheren Leben in einem anderen Land gelebt haben, haben Sie die damals erlernte Sprache nicht gespeichert und müssten Sie wieder neu für dieses Leben lernen. Ihr Gehirn bzw. Ihr Verstand wird also für dieses Leben geprägt.

Die Augen – Sehsinn

Wie verhält es sich mit Sehen? Sie sitzen gedanklich nun wieder in dem Vortrag. Sie sehen den Sprecher und auch alle anderen Personen im Raum. Damit Sie den Sprecher oder überhaupt etwas sehen können, müssen sich Lichtwellen an einem Körper oder Gegenstand brechen und zurückgestrahlt werden. Die Lichtwellen durchqueren den Raum, treffen auf einen Gegenstand und werden von dem Gegenstand reflektiert. Die Augen sind mit speziellen Rezeptoren ausgestattet, um die reflektierten Lichtwellen erfassen und in Nervenimpulse umwandeln zu können. Die Nervenimpulse werden in die Sehzentren zum Gehirn weitergeleitet, wo sie zugeordnet werden. Auch das Erkennen von Bildern findet demnach im Gehirn statt.

Der Vorgang des Sehens ist deutlich komplexer als der des Hörens, da die zu verarbeitende Informationsmenge um ein Vielfaches größer ist. Dinge, die Sie schon öfter gesehen haben, lassen sich leicht erkennen und einordnen. Fremde Dinge müssen erst im Gehirn als

Sie können nur verstehen und zuordnen, was Sie vorher erlernt und abgespeichert haben.

Wahrnehmung ist Wiedererkennen

In dem Film *What the Bleep Do We Know!?* wird folgende Geschichte erzählt: Als Kolumbus bei seinen Reisen in die Neue Welt unbekannte Strände erforschte, konnten die Eingeborenen angeblich die Schiffe der Spanier nicht sehen, weil sie zuvor noch nie Schiffe dieser Art gesehen hatten und das Bild daher nicht zuordnen konnten. Vor dem Hintergrund, dass Lichtwellen auf die Rezeptoren im Auge treffen und im Gehirn wahrgenommen werden, ist diese Geschichte falsch, denn die Lichtwellen gelangen immer zum Gehirn. Lediglich die Zuordnung der Schiffe, das Erkennen und Vergleichen mit bekannten Bildern, war nicht möglich.

neue Bilder abgespeichert werden. Lassen sich die neuen Bilder nicht komplett mit bereits gespeicherten Bildern vergleichen, können Teile verloren gehen oder mit bereits bestehenden Bildern kombiniert werden. So entstehen unterschiedliche Wahrnehmungen und Interpretationen des Gesehenen.

Ein gutes Beispiel für unterschiedliche Wahrnehmungen sind die teilweise gegensätzlichen Aussagen von Unfallzeugen. Obwohl diese alle den gleichen Unfall »gesehen« haben, können sich die Aussagen gelegentlich sogar vollständig widersprechen. Am leichtesten nachzuvollziehen ist das, wenn es um Farben geht. War das Fahrzeug des Unfallflüchtigen nun blau, schwarz, grau oder doch dunkelrot?

Die Haut – Tastsinn

Unsere Umwelt hält noch weitere Informationen in Form von Schwingungen parat, die es uns ermöglichen, uns besser zurechtzufinden und uns an unsere Umgebung anzupassen. Dazu gehören beispielsweise auch Kälte, Wärme, Druck, Nässe und Trockenheit. Dies sind Schwingungen, die auf die Haut treffen. Auch die Haut ist wie alle anderen Sinnesorgane mit Rezeptoren ausgestattet, die die empfangenen Schwingungen aufnehmen, in Nervenimpulse umwandeln und in die entsprechenden Areale des Gehirns – in diesem Fall in die sensorischen Rindenfelder – leiten.

Die Rezeptoren der Haut übermitteln alle sensorischen Wahrnehmungen. Sie geben ständig Informationen über die aktuelle Umgebung an das Gehirn. Kommen Sie beispielsweise zu nah an eine heiße Herdplatte, signalisieren die Rezeptoren dem Gehirn, dass die Gefahr einer Verbrennung besteht; daraufhin befiehlt das Gehirn die Ausschüttung von Stresshormonen – z. B. Adrenalin –, die Erhö-

Alles, was Sie sehen, sind Bilder in Ihrem Gehirn. Außerhalb des Gehirns sind es nur Schwingungen in Form von Lichtwellen.

hung des Herzschlags, die Anspannung der Muskeln und dergleichen mehr. Die Folge: Sie ziehen Ihre Hand zurück. Aufgrund der empfangenen Informationen passt sich Ihr gesamter Organismus an die Umgebung an. So wird bei zu warmer Umgebungstemperatur das körpereigene Kühlsystem in Form von Schwitzen in Gang gesetzt. Die Schwingungen aus der Umwelt veranlassen somit über die Steuerungen im Gehirn den physischen Körper zu einer ständigen Anpassung.

Alles, was Sie riechen, sind nur Schwingungen, die in Ihrem Gehirn erkannt und zugeordnet werden.

Die Nase – Geruchssinn

Vergleichbares geschieht auch bei Gerüchen. In der Regel sind diese nicht sichtbar; sie durchqueren den Raum und treffen auf die Rezeptoren in der Nase. Diese wandeln die Schwingungen in Nervenimpulse um und leiten sie zu den Riechzentren im Gehirn weiter. Je nach Geruch kommt dann bei Ihnen ein angenehmes oder ein Ekelgefühl auf. Gemäß Ihren bislang abgespeicherten Erfahrungen mit diesem Geruch kann ein gebratenes Stück Fleisch beispielsweise Ihren gesamten Verdauungsapparat aktivieren, vom Hungergefühl

Wahrnehmung ist Umwandlung von Schwingungen

Was wir als Wahrnehmungen bezeichnen, sind Schwingungen in unserer Umwelt, die über die Sinnesorgane – Augen, Ohren, Nase, Zunge und Haut – aufgenommen, zum Gehirn weitergeleitet, dort dekodiert, zugeordnet und in Reaktionen in Form von Anpassungen umgesetzt werden. Ihr gesamtes Leben findet nur in Ihrem Kopf statt. Außerhalb des Gehirns gibt es keine Farbe, keinen Ton, kein Licht, keinen Geruch, kein Gefühl und keinen Geschmack – nur Schwingung, Energie und Information.

bis zum Speichelfluss oder zur Abwehrreaktion. Zuständig für Ihr Verhalten sind somit wieder ausschließlich die Interpretationen der ankommenden Informationen durch Ihr Gehirn.

Die Zunge –
Geschmackssinn

Selbst beim Schmecken werden die Schwingungen von sauer, süß, salzig oder seifig erst durch die dekodierten Nervenimpulse im Gehirn erkannt, zugeordnet und in entsprechende Reaktionen umgewandelt. Essen Sie z. B. Eiweiß, produziert Ihr Verdauungstrakt aufgrund der Schwingung eiweißaufspaltende Enzyme. Ihre Zunge nimmt die Schwingungen der im Mund befindlichen Speisen auf, damit Ihr Gehirn daraus die richtigen Reaktionen in Form von Enzymen einleitet.

Die Schaltzentrale –
das Gehirn

Unsere Sinnesorgane allein reichen nicht aus, damit wir in dieser eigentlich virtuellen Welt bestehen können, zumal wir noch sehr wenig darüber wissen. Auch unser Verbindungsorgan, das Gehirn, besteht ebenfalls noch aus vielen Unbekannten. In der Hirnforschung heißt es, dass rund zehn Prozent der Wirkungen und Vorgänge im Gehirn entschlüsselt sind – was gleichzeitig bedeutet, dass der größere Anteil von rund neunzig Prozent noch Terra incognita ist.

Ihr Leben findet ausschließlich in Ihrem Kopf statt. Sie leben gewissermaßen in einer virtuellen Welt, wie es in den Filmen der Matrix-Trilogie dargestellt wird.

Rechte und linke Großhirnhälfte

Der linken Großhirnhälfte wird im Allgemeinen die Ratio zugeordnet. Mit diesem lateinischen Begriff bezeichnet man die Vernunft oder den Verstand. Hinsichtlich der Tätigkeiten des Gehirns ist damit die kognitive Kraft gemeint, die dem Denken zugrunde liegt. In der linken Hemisphäre befindet sich auch das Wachbewusstsein. Dort werden die eintreffenden Informationen eine nach der anderen verarbeitet. Die Verarbeitung läuft mit einer Geschwindigkeit bzw. Verarbeitungsrate von bis zu 40 Bit pro Sekunde ab, was aus technischer Sicht extrem langsam ist.

Der Begriff »Bit« (binary digit) wird in der Informatik sowie in verwandten Fachgebieten als Bezeichnung für eine Binärziffer, üblicherweise 0 und 1, verwendet.

Gleichzeitig stehen rund 30 Millionen Bit als Informationen zum Empfang und zur Verarbeitung bereit. Was geschieht nun mit den rund 29 999 960 Bit, die nicht in dieser Sekunde vom Wachbewusstsein, also vom Verstand, verarbeitet werden können?

Ein Teil der rund 30 Millionen Bit wird mehr oder weniger unbewusst mit der rechten Hirnhälfte aufgenommen und verarbeitet. Dieser Teil des Gehirns ist in der Lage, regelrechte Datenblöcke mit einem Informationsgehalt von bis zu 15 Billionen Bit / Sek. aufzunehmen. Die rechte Hirnhälfte ist darüber hinaus zuständig für das Künstlerische, Abstrakte, Musische, Soziale und Sprachliche.

Harmonisierung der Hemisphären

Beide Hirnanteile sind gleich wichtig. Ideal wäre es, wenn sie bei der Datenaufnahme und -verarbeitung auch gleich präsent wären. Doch in unserer Gesellschaft steht mehr die linke Hirnhälfte mit dem Verstand im Vordergrund. Steht aber die linke Hirnhälfte gewissermaßen als Filter an erster Stelle, dann gehen sehr viele Informationen durch die langsame Verarbeitungsrate verloren. Die linke

Hirnhälfte wird heute bereits im Kindergarten geschult und geprägt. Es geht um Wissen und Intelligenz. Doch Wissen und Intelligenz ersetzen nicht Reife und Weisheit.

Wenn Sie Matrix Inform anwenden, schalten Sie kurzzeitig Ihren Verstand aus und nutzen die entstandene Gedankenlücke, um sich an die höheren Schwingungen Ihres Bewusstseins in 5D+ und an Ihre Matrix mit dem Lebensplan anzuschließen. Zudem verbinden sich auch die rechte und die linke Hirnhälfte kurzzeitig; es werden bestehende Verbindungen aktiviert und neue Verbindungen angelegt. Rechte und linke Gehirnhälfte werden dadurch immer mehr angeglichen und harmonisiert. Dadurch erhöht sich automatisch Ihre Wahrnehmungsfähigkeit: Sie entwickeln regelrecht einen sechsten Sinn für die anstehenden Situationen.

Das Gehirn trifft eine Vorauswahl

Der Verstand ist ein wichtiges Werkzeug und hat die Aufgabe, Lebenswichtiges – oder besser gesagt: Überlebenswichtiges – zu speichern, um es im Bedarfsfall abzurufen. Überlebenswichtig kann es z. B. sein, die allgemeinen Verkehrsregeln zu kennen, um nicht überfahren zu werden, oder zu wissen, wie man einkauft, um an Nahrung zu gelangen. In der Steinzeit war es eher wichtig zu wissen, mit welchen Waffen und welcher Strategie man am besten ein Tier fangen und töten kann. Überlebenswichtig kann es auch sein, sich in einer Großstadt orientieren zu können. Auch die Fähigkeiten des Lesens, Schreibens und Rechnens sind durchaus wertvoll.

Erinnern wir uns noch einmal: 40 von 30 Millionen Bit Informationen kann Ihr Wachbewusstsein pro Sekunde verarbeiten. Wer oder was entscheidet aber darüber, welche der 30 Millionen Informationseinheiten die »richtigen« bzw. wichtigeren sind?

Wenn Sie Matrix Inform anwenden, schalten Sie kurzzeitig Ihren Verstand aus und nutzen die entstandene Gedankenlücke.

Darüber entscheiden Ihre Filter in Form von Begrenzungen, Erfahrungen, Wissen, Glaubenssätzen und Glaubenssystemen, Ihre Erziehung, Ihre Überzeugungen, Ihre Programmierungen und Konditionierungen. Die linke Hirnhälfte legt diese Filter als Auswahlkriterien für die Datenflut aus der Umwelt an. Wie die Suchbegriffe bei einer Internetsuchmaschine: Nicht Passendes wird weggefiltert, die Quintessenz wird als Sucherfolg aufgelistet.

Das, was jeder für sich Wahrheit nennt, wird durch die individuelle Wahrnehmung erzeugt.

Die Schubladen des Verstandes

Im Laufe eines Lebens werden alle Informationen, die aktuell als wichtig betrachtet werden, gespeichert, damit sie im Bedarfsfall zur Verfügung stehen. Es wird gewissermaßen der Stoff gelernt, damit er bei der Prüfung abgerufen werden kann. Nach bestandener Prüfung werden viele Informationen in den Hintergrund verlagert. Der Mensch lernt, um in seiner Umgebung zu bestehen und um sich zu

Gewohnheiten hinterfragen

Ein Reporter möchte herausfinden, warum man Kartoffeln, die man kochen möchte, mit kaltem Wasser aufsetzt. Er befragt dazu eine junge Hausfrau, und diese antwortet: »Kann ich Ihnen nicht sagen, das habe ich bei meiner Mutter abgeschaut.« Der Reporter fragt, ob er die Mutter auch sprechen dürfe, und stellt ihr die gleiche Frage: »Warum setzen Sie Kartoffeln mit kaltem Wasser auf?« Die Mutter antwortet: »Das kann ich Ihnen nicht sagen, das habe ich bei meiner Mutter abgeschaut.« Nun bittet der Reporter darum, auch die Großmutter fragen zu dürfen: »Können Sie mir erklären, warum Sie Kartoffeln immer mit kaltem Wasser aufsetzen?« Daraufhin die Großmutter: »Klar kann ich Ihnen das erklären – wir hatten damals kein warmes Wasser!«

entwickeln. Eigenes Wollen, gesellschaftliche Normen, sozialer Umgang, familiäre Erziehung, Schulbildung – alles wird gespeichert. Allerdings werden viele Dinge auch einfach ohne Prüfung und Hinterfragen übernommen und als Wahrheit abgespeichert.

Alles, was Sie abspeichern, steht Ihrem Verstand zur Verfügung: Er kann es mischen, trennen, analysieren, zuordnen, verbinden und zum Überleben einsetzen. Doch gleichzeitig werden damit auch Filter geschaffen.

Kommen Informationen auf den Verstand zu, sieht er zuerst in seinem Speicher – oder wie ich gern sage: in den Schubladen – nach, ob er die Informationen zuordnen kann. Wenn ja, ist er fertig und hat seine Arbeit getan. Er gibt kurz noch Anweisungen, was zu machen ist, und wendet sich wieder anderen Gedanken zu. Kann er die Informationen nicht vollständig zuordnen, nimmt er etwas, das ungefähr dem entspricht, was er kennt. Kommen zu viele Informationen gleichzeitig an – was ja auch die Regel ist –, pickt er sich die Teile heraus, die er ohne zu zögern zuordnen kann, und bastelt sich den Rest aus bekannten, früher bereits gespeicherten Informationen zusammen.

Ihr Verstand greift ausschließlich auf das Abgespeicherte zu, denn nur das kann er mischen, trennen, analysieren, zuordnen, verbinden und zum Überleben einsetzen.

Wahrnehmung ist nicht gleich Wahrnehmung

Die Wahrnehmung der Umwelt und der aktuellen Realität ist bei jedem Menschen grundverschieden. So wie es keine zwei Menschen mit dem gleichen Fingerabdruck gibt, so haben zwei Menschen auch nie dieselben Wahrnehmungen. Die Wahrnehmungen werden gefiltert.

Einige Wahrnehmungsfilter bringen Sie bereits in dieses Leben mit, dann handelt es sich um Programme der Matrix. Andere werden erst in diesem Leben einprogrammiert – diese können dann mitunter dem Lebensplan entgegenstehen. Ein mitgebrachter Filter kann es z. B. sein, als Frau oder als Mann zu wirken, d. h., das nehmende oder gebende Prinzip in den Vordergrund zu stellen. Auch Werte (siehe S. 39f.) sind mitgebrachte Wahrnehmungsfilter.

Wahrnehmungsfilter tragen verschiedene Namen: Glaubenssätze, Glaubenssysteme, soziale Verhältnisse, Überzeugungen, Programmierungen, Konditionierungen, Erfahrungen, erlerntes Wissen, Alter, Erziehung, moralische Vorstellungen, Werte, Bewusstsein, Kenntnisse, Fähigkeiten, Talente, Versprechen, Schwüre und Eide.

Unsere Wahrnehmung ist eine Mischung aus Lebensplan, individueller Sicht, familiärer und gesellschaftlicher Einflüsse des aktuellen Lebens und den Einwirkungen aus allen vergangenen Leben. Darüber hinaus machen sich nicht alle Filter in jedem Fall bemerkbar, sondern kommen dann zur Wirkung, wenn es lebens- und situationsbedingt erforderlich wird. Ein Beispiel: Eine Höhenangst behindert Sie im normalen Alltag wenig, wenn Sie sich entsprechend auf sicherem Boden und in geringer Höhe befinden. Bei dem gewählten Beruf des Dachdeckers oder als Ingenieur beim Brückenbau würde die Höhenangst die Ausübung des Berufs allerdings stark einschränken bis unmöglich machen.

Konditionierungen beenden

Ariane erlernt in jungen Jahren den Beruf der Physiotherapeutin, den sie auch voller Hingabe und Begeisterung ausübt. Dass sie dabei nicht so viel verdient, spielt für sie zu diesem Zeitpunkt eine untergeordnete Rolle. Sie kennt es nicht anders, in der gesamten Branche ist es so üblich. Über die Jahre hinweg wird so ihr innerer Wert auf einem sehr niedrigen Niveau zwischen 6 und 8 Euro die Stunde festgelegt. Für sie wird es daher unvorstellbar, in einer Stunde 60 Euro oder mehr zu verdienen. Doch genau das wird ihr zum Verhängnis, als sie sich im Alter von 36 Jahren in ihrem Beruf selbstständig macht. Als Angestellte musste sie sich nicht um Kalkulation und betriebswirtschaftliche Belange kümmern, daher mangelt es ihr diesbezüglich an Erfahrung. Um einigermaßen über die Runden zu kommen, muss sie nun jedoch mindestens 50 Euro pro Stunde einnehmen. Doch ihr inneres Wertesystem von maximal 8 Euro pro Stunde lässt dies nicht zu. Ariane muss ihre Praxis mit großen finanziellen Verlusten und einer riesigen Enttäuschung wieder schließen und in ein Angestelltenverhältnis zurückkehren, nur weil sie es nicht schafft, die Konditionierung eines inneren Wertes zu beenden.

Innere Widerstände

Der 56-jährige Siegfried sehnt sich nach einer liebevollen Beziehung zu einer Frau. Zwar hat er im Laufe seines Lebens immer wieder einmal eine Beziehung gehabt, diese scheiterte letztlich jedoch immer an seiner Mutter. Keine Frau war ihr für ihren Siegfried gut genug, und so versorgte sie ihn in ihrem hohen Alter von fast 80 Jahren immer noch. Die emotionale Bindung zwischen Mutter und Sohn hatte sich über viele Inkarnationen hinweg entwickelt. Keiner schaffte es, den anderen loszulassen. Jedes Argument gegen die Bindung war zwar logisch nachvollziehbar, erreichte aber nur den mentalen Körper, den Verstand. Doch das Problem lag im emotionalen Körper und konnte auch nur dort transformiert werden.
Die im Unterbewusstsein liegenden unterschiedlichen Gründe, die Einflüsse aus dem persönlichen Umfeld oder der Gesellschaft und die Komplexität der individuellen Programmierungen machen es so außerordentlich schwierig, hemmende und hinderliche Glaubenssätze und begrenzende Konditionierungen zu erkennen und in der Folge aufzulösen.

Jeder kann selbst entscheiden, ob er lebt oder gelebt wird.

Wahrnehmungsfilter Glaubenssätze

Glaubenssätze bilden sich aus persönlichen, familiären oder kollektiven Erfahrungen und werden für wahr gehalten. Sie sind Bestandteil des mentalen Körpers und beeinflussen Ihr Denken und Ihre Wahrnehmungen. Glaubenssätze werden in allen Bereichen des Lebens gebildet. Sie können welche über sich selbst haben, über Geld und Einkommen, in Bezug auf Ihre Familie, auf Ihre Kollegen oder Freunde, über Politik, Gesundheit, Ernährung und vieles mehr.

Erlerntes Wissen, Erfahrungen, erworbene Fähigkeiten – alles vermeintlich Wichtige wird abgespeichert und dem Verstand als Datenbank mit direktem Zugriff zur Verfügung gestellt. Ein geprägter Glaubenssatz wirkt nun bei den anfallenden und zu verarbeitenden Informationen wie ein Filter und bestimmt die Richtung der Interpretation dieser Information. Stimmen die aufkommenden Informationen mit dem Glaubenssatz überein, werden sie als wahr eingestuft. Stimmen die Informationen nicht überein, werden sie entweder negiert oder angepasst oder gar nicht erst registriert.

Mit dem begrenzenden Wissen des Verstandes lässt sich sehr schwer zu den wahren Gründen vordringen.

Ein Beispiel aus der Praxis

Heinz, ein promovierter Mathematiker, kommt einfach auf keinen grünen Zweig. Er schafft es einfach nicht, zu einem vernünftigen Einkommen zu gelangen. Immer wieder scheitern all seine Bemühungen. Als er beginnt, mit Matrix Inform zu arbeiten, wird er sich eines Glaubenssatzes bewusst. »Ich brauche nicht viel zum Leben.« Diesen Glaubenssatz hat er sich selbst in seiner Studentenzeit einprogrammiert.

Es gibt begrenzende und hinderliche Glaubenssätze sowie aktivierende und förderliche Glaubenssätze. Begrenzende Glaubenssätze schränken Sie in Ihrer Entwicklung ein und verhindern, dass Ihre Potenziale voll ausgeschöpft werden können. Zu Letzteren gehören beispielsweise »Ich schaffe das nie«, »Ich kann das nicht« und »Ich bin ein Versager«.

Ohne es überhaupt erst zu versuchen, kennen Sie bereits das Ergebnis. Die Folge ist eine sich selbst erfüllende Prophezeiung. Im Ergebnis werden Sie in Ihrem Glauben bestätigt und sagen mit Recht: »Ich wusste schon vorher, dass das nicht klappt.«

Förderliche Glaubenssätze haben dagegen eine vergleichende Wirkung. Sie wissen, dass Sie es schaffen, weil Sie die Aufgabe in der Vergangenheit bereits erfolgreich bewältigt haben. Der entsprechende Glaubenssatz lautet: »Ich kann das«, »Das ist leicht« oder »Das ist wie für mich geschaffen«.

Wie Sie oben bereits lesen konnten, bildet sich Ihr mentaler Körper erst in der laufenden Inkarnation.

Wahrnehmungsfilter Glaubenssysteme

Glaubenssysteme sind im Gegensatz zu Glaubenssätzen viel komplexer. Sie betreffen beispielsweise die Naturwissenschaften ebenso wie die verschiedenen Religionen oder die Naturheilkunde. Ein kleines Kind glaubt noch an den Weihnachtsmann oder den Osterhasen. Würde ein Erwachsener noch das Gleiche glauben, nähme man ihn in der »normalen Welt« nicht mehr ernst. Trotzdem glauben die Erwachsenen, dass alle Materie aus Atomen besteht, obwohl sie selbst noch nie ein Atom gesehen haben. Sie glauben an Gott oder Götter, obwohl sie selbst noch keinen direkten Beweis für deren Existenz erlebt haben. Da es aber von der Mehrheit als richtig und wahr angenommen wird, kommt ein Gegner dieser Aussagen eher in den Verdacht, »nicht ganz richtig im Kopf« zu sein.

Glaubenssätze und Glaubenssysteme sind wichtig, wir brauchen sie. Sie helfen uns, uns in unserer Welt zurechtzufinden. Doch immer dann, wenn Glaubenssätze und Glaubenssysteme blockierend und behindernd auf die Entwicklung einzelner Menschen, Familien oder ganzer Völker wirken, können sie als überholt und überflüssig angesehen werden. Als Beispiele aus der Vergangenheit könnte man nennen, dass die Erde eine Scheibe ist und der Mensch nicht fliegen kann.

In der Matrix sind Überzeugungen und Glaubensmuster hochwirksame Programme, die ganze Völker über Generationen hinweg beeinflussen. Hierzu gehören religiöser Fanatismus, Faschismus, Nationalismus und Kommunismus ebenso wie z. B. Kapitalismus.

Es gibt aber auch längst überholte Glaubenssysteme, die immer noch fest in den Köpfen der Menschen verankert sind. Dazu gehört etwa die Annahme, es existiere nur das, was man sehen, hören, schmecken, riechen und anfassen kann.

Wahrnehmungsfilter Überzeugungen

Überzeugungen entstehen oft bereits in den ersten Lebensjahren. Schon Säuglinge speichern das Verhalten der Eltern und Bezugspersonen als richtig ab. Ungefiltert durch eigene Erfahrungen oder eigenes Wissen werden die Beobachtungen im Speicher abgelegt. Hinzu kommt noch, dass es das Verhalten der liebsten und nächsten Menschen ist, denen ein absolutes Vertrauen entgegengebracht wird. Alles, was Mama oder Papa macht, ist schön, gut, richtig und uneingeschränkt kopierbar. Mit zunehmendem Alter gelangen immer mehr Menschen in das direkte Umfeld des Kindes;

so lange noch keine eigenen widersprechenden Erfahrungen vom Kind selbst oder von den Eltern abgespeichert sind, werden die Verhaltensweisen ebenfalls als grundlegende Überzeugungen angelegt. Hierzu gehören dann etwa der Lehrer, Pfarrer, Doktor, Polizist, Sportler, Musiker usw. Was den Kindern dabei vorgelebt wird, wird ungefiltert als richtig übernommen; dabei spielt es keine Rolle, ob es bei den Nachbarn andere oder sogar konträre Verhaltensweisen gibt. Das Kind vertraut vollkommen darauf, dass das, was es tut, auch das Richtige ist.

Im Erwachsenenalter spielen Überzeugungen dann eine große Rolle im Umgang miteinander. Jeder ist davon überzeugt, das Richtige zu wissen, zu können und zu tun. Es gilt, den anderen ebenfalls davon zu überzeugen. Stehen sich konträre Überzeugungen gegenüber, werden endlose Diskussionen geführt, oft ohne dass dadurch etwas bewegt oder verändert würde.

Überzeugungen können ebenso wie Glaubenssätze förderlicher Natur sein oder eine Entwicklung dauerhaft behindern und blockieren. Wenn Sie z. B. davon überzeugt sind, dass Sie nur durch harte Arbeit zu Geld kommen, dann werden Sie auch so lange hart arbeiten müssen, wie Sie diese Überzeugung in sich tragen. Sind Sie allerdings davon überzeugt, dass alles, was Sie tun, von Erfolg gekrönt sein wird, dann wird es so sein.

Falsche Überzeugungen dienen oft dazu, die Eigenverantwortung abzugeben und immer einen anderen Verantwortlichen für eine Sache zu finden.

Überzeugungen können Berge versetzen

Aufbauende Überzeugungen lassen hingegen alles zu. Amerika galt lange Zeit als das Land der unbegrenzten Möglichkeiten. Versager und Abenteurer folgten gern dieser Überzeugung und nahmen alle

Strapazen auf sich, um sie in vielen Fällen auch bestätigt zu bekommen. Die Überzeugung gab ihnen Kraft und Selbstvertrauen. Die Überzeugung, alles schaffen zu können, versetzt Berge und lässt Probleme schwinden. Die Überzeugung, das Leben ist schwer, lässt die Leichtigkeit verschwinden und alles zu unüberwindlichen Hindernissen anwachsen.

Mit Matrix Inform haben Sie die Möglichkeit, auf allen Ebenen der energetischen Körper hinderliche Programmierungen und Konditionierungen zu erkennen und zu transformieren und im Gegenzug förderliche Energien und Programme zu integrieren. Durch einen zielgerichteten Einsatz Ihrer Energie und Ihres Bewusstseins treten Ihre Blockierungen nach und nach an die Oberfläche und können transformiert oder neutralisiert werden. Mehr und mehr entdecken Sie die Möglichkeiten, die in Ihnen ruhen, mehr und mehr erinnern Sie sich an Ihren eigentlichen Lebensplan und den darin verborgenen Sinn.

Programme der Matrix haben die Eigenschaft, sich selbst zu erhalten, d. h., sie schlummern im Hintergrund, bis sie durch Resonanz aktiviert werden und wirken oder transformiert und neutralisiert werden.

Das Energiekleid

und die vier Energiekörper

Das Energiekleid ist sehr komplex und besteht aus den unterschiedlichen Ebenen der vier Energiekörper mit all den gespeicherten Schwingungen. Es unterliegt einem ständigen Wandel durch Anpassung; in das Energiekleid sind alle wichtigen Informationen eingewoben, die sich auf das aktuelle Leben, auf eine bestimmte Inkarnation auswirken. Im Prinzip sind die einzelnen Ebenen ineinander gewoben und übereinander gelagert.

In dem Buch *Das Leben aktiv gestalten mit Matrix Inform – Quantenbewusstsein erschafft Realität* haben sich die Autoren ausführlich mit den vier Energiekörpern – physischer, mentaler, emotionaler und spiritueller Körper – auseinandergesetzt und die Zusammenhänge beschrieben. In diesem Buch werden die Zusammenhänge vertieft und in ihrer Wirkung verdeutlicht.

Im Energiekleid eines Menschen sind alle Informationen in Form von Schwingungen angelegt.

Der physische Körper

Der physische Körper ist der dichteste Energiekörper und schwingt am langsamsten. Er ist der dritten Dimension zugeordnet und unterliegt allen uns bekannten physikalischen Gesetzen. Man kann ihn als Gefäß ansehen, in dem die stoffliche menschliche Essenz enthalten ist, die Hülle aller Organe mit allen physiologischen Abläufen. Er verkörpert die Gegenwart und ist vergänglich: Sobald die Verbindung zur Seele unterbrochen ist, die Belebung des physischen Körpers erlischt, lösen sich die Verdichtungen auf, und der Körper zerfällt.

Der physische Körper ist Ausdruck der Seele. Ein physischer Körper dient immer einer Inkarnation und ist auch nur für eine Seele bestimmt. Der physische Tod ist die notwendige Konsequenz für alle Weiterentwicklung eines Menschen, genau wie es die Natur mit dem Jahreszyklus demonstriert: Ein physischer Körper beginnt mit der Geburt seinen eigenen Stoffwechsel, wächst heran, altert und stirbt wieder.

Der mentale Körper

Während der physische Körper die größte Dichte hat, ist der mentale Körper – die Sphäre des denkenden Geistes, der Intelligenz und des Verstandes – energetisch schon weiter »aufgelockert« und schwingt schon viel feiner. Mittels des mentalen Körpers erhalten wir über die Gedanken Verbindung ins morphische Feld der vierten Dimension.

Auch der feinstoffliche mentale Körper unterliegt einem ständigen Wandel. Er ist im Wachbewusstsein mit über 30 Hertz besonders aktiv. Er enthält bewusste Gedanken- und Vorstellungskraft und ist direkt mit dem Großhirn verbunden, dem Speicher für alle Erfahrungen und erlerntes Wissen aus dieser Inkarnation. Theoretisch könnte man aber auch überlegen, ob das morphische Feld nicht eine Art externe Festplatte wie bei einem Computer ist, auf die vom Arbeitsrechner nur bei besonderem Bedarf spezieller Programme – z. B. Erinnerungen – zugegriffen werden kann.

Der mentale Körper ist genauso vergänglich wie der physische Körper. Er wird immer nur für die aktuelle Inkarnation gebildet. Hierin liegt auch der Grund, dass wir keine bewussten verstandesorientierten Erinnerungen an frühere Leben und das dort erworbene Wissen haben.

Der emotionale Körper

Der emotionale Körper gehört zur empfindenden Seele, der Psyche mit all ihren mehr oder weniger starken Emotionen. Er schwingt noch etwas feiner als der mentale Körper und ist, solange wir uns im Rad der Wiedergeburt befinden, unvergänglich. Der emotionale Körper ist unser emotionales Gedächtnis und beinhaltet unsere Urinstinkte, Ängste und den Überlebenstrieb. Die Seele hat ihn geprägt, und er ist zugleich der Seelenspeicher, ihr »Aufenthaltsort«. Der emotionale Körper ist wie der mentale Körper Teil des persönlichen morphischen Feldes, das wir der vierten Dimension zuordnen. Lachen und Weinen liegen manchmal sehr nah beieinander. Dies bringt zum Ausdruck, dass sich der emotionale Körper sehr schnell verändern kann. Das macht ihn allerdings auch sehr anfällig für emotionale Einflüsse aus dem Umfeld. Eine der wichtigsten Aufgaben für eine spirituelle Entwicklung ist, den emotionalen Körper zu klären und die belastenden, verdichteten Schwingungen darin zu transformieren. Denn in Emotionen liegt eine gewaltige Macht, die es zu kontrollieren und zu regulieren gilt.

Emotionen können sehr große Energien in Bewegung setzen. Die Kraft der Liebe beispielsweise kann schnell Feindschaften beenden. Wut oder rasender Zorn hingegen haben ungeheure zerstörerische Wirkungen.

So wie unser physischer Körper zur materiellen Welt gehört, so ist der mentale Körper Teil des morphischen bzw. morphogenetischen Feldes.

81

Der spirituelle Körper

Der spirituelle Körper ist der am höchsten schwingende Energiekörper. Religionen sprechen hier von der unsterblichen oder göttlichen Seele. Er beinhaltet unser Höheres (spirituelles) Selbst. Über ihn haben wir Zugang und Verbindung zu hohen Bewusstseinsebenen. Ohne Begrenzungen von Raum und Zeit ist er allgegenwärtig; durch den spirituellen Körper sind wir mit dem kollektiven Bewusstsein verbunden.

Im spirituellen Körper befinden sich die Prägungen all unserer Existenzen mit all unseren Erfahrungen: Durch ihn drücken wir unsere Einzigartigkeit aus, über ihn sind wir mit dem universellen allumfassenden und unvergänglichen Geist verbunden.

Der spirituelle Körper ist der Ort unseres Bewusstseins. Unser Bewusstsein kommt aus der fünften (oder höheren) Dimension (5D+). Frei jeder Polarität ist der spirituelle Körper der Sitz für die bedingungslose Liebe, die sich auf alle Wesen gleichermaßen richtet.

Mit zunehmender Klärung der Energiekörper und Anhebung der Schwingungen findet ein immer schneller und besser werdender Kontakt mit dem Höheren Selbst statt; der energetische Einfluss auf sich und seine Umwelt steigt kontinuierlich.

Anbindung an das Höhere Bewusstsein

Wer Matrix Inform praktiziert, verbindet sich jedes Mal beim Auslösen einer »Welle« direkt mit seinem Höheren Bewusstsein (5D+). Dadurch fließt die hohe Energie des reinen Bewusstseins auf die untergeordneten Energiekörper und transformiert verdichtete, hinderliche und blockierende Energien.

Im Schaubild der vier Energiekörper (siehe S. 83) ist jeder Energiekörper in einem eigenen Quadranten untergebracht. Dadurch lassen sich die Wechselwirkungen leichter erklären. Der physische und der mentale Körper sind vergänglich, sie dienen ausschließlich dieser einen Inkarnation und sind deshalb auf der oberen Ebene angesiedelt. Sie entsprechen dem Wachbewusstsein und der Realität.

Der emotionale und der spirituelle Körper sind hingegen unvergänglich und bleiben – solange wir uns im Rad der irdischen Wiedergeburt befinden – bestehen; sie sind entsprechend auf der unteren Ebene positioniert. Sie können auch dem Unterbewusstsein zugeordnet werden.

Physischer Körper	Mentalkörper
Emotionalkörper	Spiritueller Körper

Mit Matrix Inform können Sie auf alle vier Energiekörper wirken, um verdichtete Energien zu transformieren. Besondere Aufmerksamkeit sollten Sie dabei Ihrem emotionalen Körper zollen. Er beinhaltet die blockierenden Energien, die das Erkennen und das Leben des Lebensplans einschränken, ja bisweilen sogar unmöglich machen. Blockierende Energien behindern jede Entwicklung und Bewusstwerdung. Eine der wichtigsten Aufgaben einer Inkarnation besteht daher darin, den emotionalen Körper zu klären und in seiner Gesamtschwingung anzuheben.

In unseren Matrix-Inform-Seminaren erleben wir immer wieder, wie sich verdichtete Emotionen durch kurzzeitiges Ausleben in Form von Lachen, Weinen, Wut, Trauer, Übelkeit usw. auflösen und wie sich direkt danach bei der betroffenen Person spürbar eine regelrechte Leichtigkeit ausbreitet.

Der Geist durchdringt die Seele. Die Seele belebt die vier Energiekörper.

Das Modell des Energiekleids

Zum besseren Verständnis der Zusammenhänge führe ich Sie nun schrittweise in die Entstehung eines Energiekleids ein, um Ihnen anschließend die Wechselwirkungen und die gegenseitigen Einflüsse aufzuzeigen.

Alle Kreise der Grafik unten bilden eine Einheit, Ihr Energiekleid. Alle Schwingungen wirken interaktiv, die Informationen werden ständig ausgetauscht, angepasst, neutralisiert und transformiert. Alles ist mit allem verbunden. Zudem gilt: Wie im Kleinen, so im Großen. Mikrokosmos = Makrokosmos. Das individuelle Energiekleid als Ein-

Fassen Sie die Grafik des Energiekleids als »energetisches Selbstporträt« auf: Von Ihrem Standpunkt aus betrachtet, repräsentiert Kreis 4 Ihre linke Seite und Kreis 5 Ihre rechte Seite.

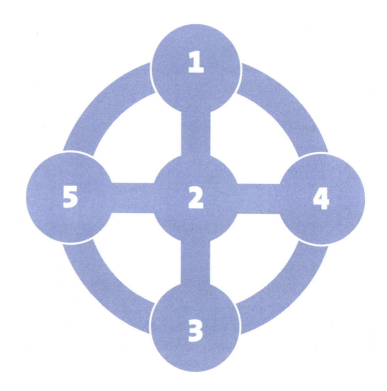

heit ist wie ein Tropfen aus dem Meer und steht über die morpho-genetischen Felder in ständigem Austausch mit den Energieklei-dern aller Menschen. Über Ihr Energiekleid gehen Sie in energeti-schen Kontakt mit allen anderen morphischen Feldern aller anderen Lebewesen. Sie können sich jedoch beispielsweise auch mit Wissensgebieten und Kulturen verbinden und Informationen mit diesen austauschen.

Alle angelegten Informationen sind sehr hoch schwin-gend und bilden den alles umgeben-den spirituellen Körper.

Kreis 1 – die Urmatrix mit dem Lebensplan

Wenn Sie nicht inkarniert sind, haben das Bewusstsein und Ihr Hö-heres Selbst ihren Sitz in den höheren Dimensionen, d.h. in der fünften Dimension oder höher (5D+). In unserem Modell stellt Kreis 1 als das alles Umfassende und Durchdringende diesen höhe-ren Bereich dar.

Das Bewusstsein aus der fünften Dimension oder höher erschafft eine Idee und erzeugt die Urmatrix sowie den in der Urmatrix ent-haltenen Lebensplan. In dieser Urmatrix sind auch alle relevanten Parameter für die anstehende Erdinkarnation angelegt, beispiels-weise alle Potenziale in Form von Talenten und Fähigkeiten, der spä-tere Vorname und die Schwingungen, um bei den richtigen Eltern zu inkarnieren.

Über den Lebensplan sind auch die passenden Vorgaben für die Umstände programmiert, um die besten Voraussetzungen zur Lö-sung der gewählten Aufgaben zu schaffen. Aus den höheren Di-mensionen mit dem Bewusstsein kommt auch der freie Wille, der auf keinen Fall mit dem verstandesorientierten Willen des Egos gleichzusetzen ist.

Ihr Bewusstsein ist ein Teil des Kollektivs Mensch; deshalb haben Sie auch direkten Kontakt zum Wir-Sind. Das Wir-Sind ist das allumfassende Bewusstsein aller menschlichen Seelen. Aus diesem Bereich kommt auch das Gewissen, die innere Empfindung für Dinge, die nicht richtig sind. Meldet sich das Gewissen, wissen Sie unbewusst, dass Ihr Handeln oder auch Ihr Nicht-Handeln dem Kollektiv schaden kann.

Kreis 2 – das Zentrum des Ich-Bin

Sind alle Vorbereitungen getroffen, wird die Urmatrix mit dem Lebensplan durch Heruntertransformieren in die vierte Dimension, in das Feld der Quanten, übertragen. Es bildet sich das erste morphogenetische Feld für das anstehende Leben – in unserem Modell als Kreis 2 dargestellt. Der spirituelle Körper bildet den Übergang zur vierten Dimension und verbindet das morphogenetische Feld mit dem Bewusstsein. Es ist das Feld der Quanten, das auch als Astrale Welt bezeichnet wird.

Jeder Mensch durchläuft vergleichbare Stadien und besitzt ein individuelles Energiekleid.

Solange ein irdisches Leben besteht, bleibt das Bewusstsein über den spirituellen Körper immer bei diesem morphogenetischen Feld. Dadurch nimmt die Energie dieses Feldes anfänglich ständig zu und beginnt zu wachsen, verstärkt zu schwingen und intensiver auszustrahlen. Es entsteht das Ich-Bin.

In der Mitte des Seins ist der Ort für Empfindungen und Emotionen; entsprechend ist dort der emotionale Körper mit dem Seelenspeicher angelegt. Ihr geistiges Bewusstsein und Ihre Seele sind hier verbunden. Weiterhin wird in der Mitte des Seins der mentale Körper mit dem Ego angelegt.

Kreis 3 –
der physische Körper als Ausdruck

Mit der Zeugung und der Verschmelzung der Eizelle der Mutter mit dem Samen des Vaters bildet sich die erste individuelle Zelle des physischen Körpers. Dabei handelt es sich um eine Art energetischen Austausch, es findet eine Prägung auf Quantenebene statt. Aus dieser ersten Zelle entsteht durch Zellteilung der physische Körper, der nun in den nächsten neun Monaten im Bauch der Mutter evolutionsbedingt heranwächst. Im Bild ist der physische Körper als Kreis 3 dargestellt.

Das Energiekleid des heranwachsenden Embryos wird nun nach und nach mit vielen Informationen angereichert – in dieser Phase des Werdens sehr stark durch den direkten Einfluss der Mutter. Im Energiekleid wird alles angelegt, was die Evolution durch die Mutter für den menschlichen Körper des späteren Erdenbürgers vorgesehen hat. Dazu kommen noch Gefühle, Gedanken, Ängste, Vorlieben, Konditionierungen und Programme. Das Energiekleid mit den energetischen Voraussetzungen des Embryos verbindet sich mit den Schwingungen der Mutter und all dem, was aus ihrem Umfeld auf sie selbst einwirkt.

Der physische Körper ist Ausdruck aller angelegten Schwingungen und Informationen im Energiekleid und stellt die Verbindung zur Realität der dritten Dimension der Materie dar. Mit Ihren Sinnesorganen haben Sie die Möglichkeit, die kleinsten Dinge der Materie sinnlich zu erfahren. Mit dem physischen Körper, der das Sein repräsentiert, können Sie auf der Ebene der Materie und größten Dichte praktisch handeln.

Es gibt die unterschiedlichsten Auffassungen darüber, ab wann eine Seele den physischen Körper übernimmt. Die einen behaupten, dies

Mit dem Eintritt der Seele bildet sich der emotionale Körper. Im Schaubild sind nun bereits der spirituelle Körper, der emotionale Körper und der physische Körper dargestellt.

sei bereits mit der Zeugung und der ersten Zellteilung der Fall, andere glauben, ab der Geburt; eine dritte Variante sagt, die ersten Kindsbewegungen im Bauch der Mutter zeigen, dass nun die Seele den Körper übernommen hat. Für unser Modell spielt dies eine untergeordnete Rolle. Entscheidend für mich ist, dass es unterschiedliche Stadien gibt und dass – wie bereits im Buch *Das Leben aktiv gestalten mit Matrix Inform* beschrieben – der physische Körper nicht der Sitz des Bewusstseins ist.

Die linke Körperseite, durch Kreis 4 dargestellt, wird auf der körperlichen Ebene von der rechten Hirnhälfte gesteuert. Hier werden riesige Datenmengen verarbeitet.

Die vier Energiekörper bilden nun durch Heruntertransformation und Verdichtung eine Achse von der Stufe des Bewusstseins aus 5D+, dem metaphysischen Bereich, über das Feld der Quanten (morphische und morphogenetische Felder) der vierten Dimension zur größten Dichte in der dritten Dimension, dem physischen Körper. Wie oben, so unten.

Kreis 4 –
die linke, ichbezogene Seite

Die Kreise 4 und 5 repräsentieren in unserem Modell die Einwirkungen und die Aktivitäten auf horizontaler Ebene. Immer von der Mitte (Kreis 2) ausgehend, empfangen Sie energetische Einflüsse von außen (Kreis 4) und senden energetische Wirkungen nach außen (Kreis 5).

Mit der Geburt entsteht ein selbstständiger, lebensfähiger und individueller physischer Körper. Das Energiekleid ist jetzt bereits sehr komplex, es umgibt und bildet den physischen Körper. Die räumliche Trennung zwischen dem Energiekleid der Mutter und dem des Säuglings ist vollzogen. Das Energiekleid der Mutter ist mit der Geburt des Säuglings der vierte Kreis, im Modell links.

In einem individuellen Energiekleid wird die linke Seite auch als die weibliche Seite oder als Yin bezeichnet; der Energie- und Informationsfluss ist nach innen zur Mitte gerichtet.

In den ersten Monaten und Lebensjahren besitzt das Kind noch kein Ich-Bewusstsein und übernimmt alle Schwingungen ungefiltert aus dem näheren Umfeld, aus dem Bereich des Kreises 4. Sehr intensiv wirken hier immer noch die Schwingungen der Mutter, des Vaters, der Geschwister und aller anderen nahestehenden Bezugspersonen. In dieser Phase drängen riesige Informationsmengen auf das Energiekleid ein, viele Programmierungen und Konditionierungen werden geprägt. Die Glaubenssätze der Familie werden ebenso wie die Überzeugungen ungeprüft übernommen und im Energiekleid angelegt.

Mit dem Heranwachsen des Säuglings zum Kleinkind wird der mentale Körper entwickelt und permanent mit Wissen gefüttert. Alle vier Energiekörper sind nun vorhanden und entwickeln und entfalten sich ständig. Im späteren Verlauf eines Lebens kommen dann z. B. die Einflüsse der Partner und Menschen aus dem näheren Umfeld, der Schule, dem beruflichen Umfeld, der Gesellschaft, der Medien oder der Politik hinzu.

Da in früheren Leben bereits viele seelische Verbindungen stattgefunden haben, sind über den Lebensplan auch viele Schwingungen angelegt, damit Sie in der aktuellen Inkarnation die richtigen Menschen treffen können, um bestehende Verbindungen zu intensivieren oder auch belastende Verflechtungen zu transformieren. Über Ihre linke Seite kommen Sie daher in Kontakt mit allen Seelen, für die eine Schwingung in Ihrem Energiekleid angelegt ist; das wären neben den Eltern, Geschwistern und anderen Familienmitgliedern beispielsweise Lebenspartner, Freunde, Geschäftspartner, Kollegen und Nachbarn.

Die linke Körperseite repräsentiert die ich-bezogene und die Beziehungsseite. Zeigen sich Symptome und Krankheiten bevorzugt dort, so ist das ein erster Hinweis darauf, dass sie ursächlich mit einem zugrunde liegenden Thema aus dem Bereich Partnerschaft und Beziehung zusammenhängen.

Kreis 5 – rechte, nach außen wirkende Seite

Das Kleinkind wächst heran. Es beginnt, sich auch räumlich etwas mehr von der Mutter zu entfernen, um durch eigene Entdeckungen der Umwelt die ersten Erfahrungen zu sammeln. In unserem Modell ist dies repräsentiert durch die rechte Seite, die aktive und nach außen gerichtete Seite, Kreis 5.

Über Ihre Ausstrahlung und Ihren physischen Körper wirken Sie nach außen. Es ist die männliche Seite mit dem Yang und der nach außen gerichteten Energie. Mit dieser Seite geben Sie und steuern Ihre Aktivitäten z. B. im Beruf. Mit dieser Seite generieren Sie Erfolg und Anerkennung. Über diese Seite strahlen Sie Ihr Energiekleid in die Welt. Es ist die energie- und informationsgebende Seite. Sind Sie angebunden an Ihr Höheres Selbst und wirken Sie aus Ihrer Mitte, dann sind Sie authentisch und im vollen Bewusstsein Ihrer persönlichen Schöpferkraft. Oft werden Defizite der linken Seite über die rechte Seite ausgeglichen. Mangelnde Liebe und Zuwendung aus der Kindheit, also aus Kreis 4, werden über berufliche Aktivitäten kompensiert. Workaholic und Burnout sind typische Anzeichen dafür. Über die rechte Seite sollen die Erwartungen erfüllt und den Ansprüchen gerecht werden. Ihr Verhalten präsentiert Ihr Inneres.

Die rechte Seite wird auf der körperlichen Ebene von der linken Hirnhälfte gesteuert. Dort hat das Ego mit dem Verstand seinen Sitz.

Wirkungsweisen und Einflüsse auf das Energiekleid

Kreis 2, die Mitte, bildet das Zentrum des Energiekleids. Vom Bewusstsein aus der 5D+ fließen hier die Informationen des Lebensplans ein. Alle Empfindungen, Emotionen, Schwüre, Eide und Versprechungen aus früheren Inkarnationen und alle Gedanken, Glaubenssätze, Überzeugungen, Programmierungen und Konditionierungen aus dem bestehenden Leben sind dort gespeichert.

Von der Mitte aus wirken diese Energien auf den physischen Körper, der Ausdruck aller Schwingungen des Energiekleids ist. Über die Sinnesorgane werden die Verbindungen zur Realität der dritten Dimension hergestellt, als sinnliche Wahrnehmung.

Die Verbindung von der Mitte zur linken Beziehungsseite (Kreis 4) bringt die Spiegelgesetze zur Wirkung. Über die in Ihnen angelegten Muster können Sie von anderen Menschen ins Mitschwingen gebracht werden. Sie gehen nur mit den Schwingungen in Resonanz, die Sie in sich tragen. Ihre Mitmenschen sind Ihre Spiegel, und Sie reagieren über Ihre Emotionen. Verflechtungen, ungeklärte Verdichtungen im Energiekleid oder Ihre Vorlieben aus dem Lebensplan kommen auf diesem Weg ins Mitschwingen.

Die Verbindung zur rechten Seite (Kreis 5) stellt oft eine Kompensation für ungelöste Aufgaben dar. Über die rechte Seite wirken Sie im Außen. Das Außen wiederum spiegelt Ihr Inneres. So zeigen sich an Ihrem Verhalten, Ihrem Beruf, Ihrem Stand oder Ihrer Anerkennung vom Umfeld Ihre inneren Einstellungen, Konflikte und blockierenden Energien.

In der Mitte hat über den mentalen Körper auch der Verstand mit dem Ego seinen Sitz. Ist das Ego groß, hat es durch die zentrale Position einen sehr großen Einfluss. Aufgrund der Dichte dieser Schwingung blockiert es den Zugang zu Ihrem Höheren Selbst. Ihnen fehlt somit der Zufluss höherer Schwingungen; Verdichtungen werden nicht mehr transformiert, Ihre Entwicklung und Entfaltung ist begrenzt. Dadurch treffen Sie wichtige Lebensentscheidungen oft mit dem Verstand und nicht mit dem Höheren Bewusstsein.

Körperliche Symptome und Krankheiten, die sich auf der rechten Körperseite zeigen, hängen oft ursächlich mit beruflichen und energetisch nach außen gerichteten Aktivitäten zusammen.

Mit jeder Matrix-Inform-Anwendung öffnen Sie sich Ihrem Be-wusstsein, denn eine Anbindung erhalten Sie nur, wenn Sie kurzzei-tig eine Gedankenlücke schaffen. Wie dies praktisch umzusetzen ist, erfahren Sie auf Seite 170f.

Mit der Matrix-Inform-Zentrierungsübung im hinteren Teil des Buchs (siehe S. 170ff.) kommen Sie wieder in Ihre Mitte und öffnen bzw. intensivieren den Zugang zu Ihrem Bewusstsein. Über den Matrix-Inform-Lichtkanal (siehe S. 174ff.) transformieren Sie die be-hindernden Verdichtungen in Ihren vier Energiekörpern. Dadurch kommt Ihr Lebensplan deutlicher zum Ausdruck.

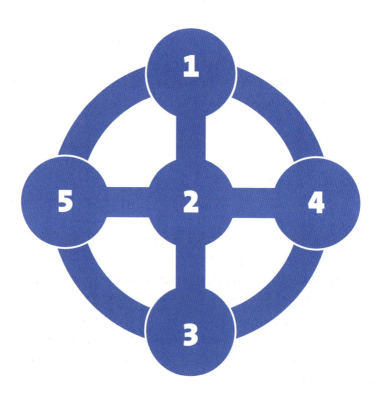

Das Energiekleid

und die morphischen Felder

Niemand ist eine Insel lautet der Titel eines Romans von Johannes Mario Simmel. Der Titel bringt es auf den Punkt: Das Energiekleid eines Menschen ist einerseits ein komplexes System von Energien, Informationen und Schwingungen und gleichzeitig ein offenes System, das interaktiv mit anderen Schwingungen von Energiefeldern in Resonanz geht. Niemand ist also eine Insel, sondern Teil eines großen Ganzen.

Bewusstes Handeln

Normalerweise wissen die Menschen nichts über die Zusammenhänge oder verfügen nur über ein Teilwissen, sodass das Leben überwiegend unbewusst gelebt wird. Unbewusst heißt aber auch, Spielball des Lebens zu sein, fremdbestimmt zu werden und ständigen Manipulationen ausgesetzt zu sein.

Wissen ist Macht! Selbst wenn Sie das Wissen und die Zusammenhänge nicht alle sofort verstehen oder umsetzen können, so haben Sie mit diesem Wissen doch die Möglichkeit, im Rahmen Ihres Bewusstseins konkrete Handlungen vorzunehmen. Wenn Sie dies dann noch spielerisch und ohne große Erwartungen tun, können Sie sehr viel erreichen.

Über das Energiekleid sind alle Menschen miteinander verbunden, bzw. sie können darüber in Resonanz treten.

Was sind morphische Felder?

Wie Sie in den vorigen Kapiteln bereits gelesen haben, besitzen Sie ein individuelles morphisches Feld, das alle Informationen Ihres Energiekleids beinhaltet. Somit tauschen Sie unbewusst oder auch bewusst Informationen aus. Über Ihren Lebensplan ziehen Sie automatisch Menschen und Dinge in Ihr Leben oder stoßen sie ab. Doch das, was Sie unbewusst tun, können Sie auch ganz bewusst tun – es liegt einzig und allein an Ihnen, dieses Wissen für sich zu nutzen.

Die Polarität der morphischen Felder

Das Ziel Ihrer Aufmerksamkeit bringt die Rückmeldungen.

Alles in der dritten und vierten Dimension ist polarisiert, alles hat zwei Seiten. Nehmen Sie irgendein Thema – Sie können jederzeit absolut konträr darüber diskutieren, je nach Wissensstand, Überzeugungen oder Bewertung der jeweiligen Seite.

Im Laufe Ihres Lebens kommen Sie immer wieder in Kontakt mit für Sie vollkommen neuen Themen oder Wissensgebieten. Im Allgemeinen beziehen die Menschen dann aufgrund ihres Verstandeswissens sofort Position. Das liegt daran, dass der Verstand augenblicklich versucht, die Informationen zuzuordnen und mit bereits vorhandenem Wissen abzugleichen. Selbst wenn nur minimale Fragmente des Themengebiets vorhanden sind, wird eine Position eingenommen.

Ist dies geschehen, passiert Folgendes: Das morphische Feld des Themengebiets ist polarisiert, und Sie haben eine Seite als die für

Sie richtige erkannt. Damit ist Ihre Aufmerksamkeit auf diesen Pol ausgerichtet. In der Folge erhalten Sie verstärkt Informationen, die Ihre Position bekräftigen, denn Ihre Wahrnehmungsfilter filtern Informationen des anderen Pols einfach weg. Somit ergreifen Sie immer stärker Partei für den einen Pol. Hätten Sie zu Beginn den anderen Pol gewählt, wäre es Ihnen umgekehrt ergangen.

Wenn Sie zukünftig wieder einmal mit einem für Sie nahezu unbekannten Thema konfrontiert werden, sollten Sie möglichst lange eine neutrale Position bewahren, um möglichst viele Informationen von beiden Polen zu erhalten. Auf diese Weise erkennen Sie Ihre eigene Wahrheit und werden nicht zum Spielball manipulativer Informationen.

Medien sind Meinungsbildner. Einseitige Berichterstattungen haben immer das Ziel, die breite Öffentlichkeit in eine bestimmte Glaubenshaltung zu bringen. So lassen sich viele wichtige Themen, die z. B. der Weiterentwicklung und Bewusstwerdung dienen, klassifizieren und als Scharlatanerie, Unfug oder unwichtig einstufen.

Es geht immer um Energiegewinn oder Energieverlust.

Prüfen Sie Informationen, ohne diese gleich zu bewerten, und bilden Sie sich Ihre eigene Meinung. Mit Matrix Inform können Sie sich bewusst und gezielt mit morphischen Feldern verbinden, um sich Ihre eigene Meinung zu bilden und Ihr Wissen zielgerichtet zu erweitern.

Gezieltes Verbinden mit morphischen Feldern

Alles ist Schwingung und alles besitzt ein individuelles morphisches Feld. Das gilt für jeden Menschen, alle Lebewesen, jeden Gegenstand und jeden Raum. Unbewusst verbinden Sie sich mit morphischen Feldern und tauschen Informationen aus. Je nach Qualität und Verdichtung dieser morphischen Felder erleiden Sie einen Energieverlust – oder einen Energiegewinn. Sicherlich kennen Sie Menschen, in deren Gegenwart Sie regelrecht heruntergezogen werden, aber auch Menschen, bei denen Sie im wahrsten Sinne des Wortes auftanken und Energie laden.

Wenn Sie etwas sensibel sind, dann spüren Sie solche Wahrnehmungen auch in Räumen. In manchen Räumen werden Sie müde oder fit, und so ist es auch mit Tätigkeiten, die Sie ausüben. Achten Sie einmal darauf, ob eine Tätigkeit Sie schnell ermüdet oder aufbaut. In jedem Fall ist es ein unbewusster und automatischer Austausch von Energien, der dafür sorgt.

Unbewusst haben Sie schon lange gelebt – probieren Sie es einmal mit Bewusstsein.

Das Gesetz der Resonanz

Sie kommen nur mit anderen morphischen Feldern in Kontakt, wenn Sie vergleichende Schwingungen in Ihrem Energiekleid angelegt haben. Dafür sorgt das Gesetz der Resonanz. Unbewusst strahlen Sie Schwingungen aus und bringen gleiche Schwingungen in anderen morphischen Feldern ins Mitschwingen. Dabei entsteht ein Energieaustausch.

Schwingungen in Ihrem Energiekleid werden durch auf Sie einwirkende Schwingungen aktiviert und kommen in Resonanz. Beachten Sie dabei, dass alle morphischen Felder polarisiert sind; so ist ganz entscheidend, welche Art Schwingung Sie ausstrahlen oder in sich tragen.

Wenn Sie aber unbewusst Resonanzen erzeugen oder in Resonanz gebracht werden können, dann müsste dies auch bewusst möglich sein. Und das ist es auch.

Einsatz zielgerichteter Energien

Im Kapitel »Leben in der dritten Dimension – Wahrnehmung der Umwelt« (siehe S. 61ff.) haben Sie erfahren, warum Ihr Leben ausschließlich in Ihrem Kopf – oder genauer: in Ihrem Gehirn – stattfindet. Mit Ihren Sinnesorganen nehmen Sie die Schwingungen der Welt wahr; in Ihrem Kopf werden die Informationen dekodiert, zusammengestellt, analysiert und bewertet – es entsteht Ihre individuelle Realität.

Aus der Quantenphysik kennen Sie das Doppelspaltexperiment, ein Versuch zur Beobachtung von Welle und Teilchen. Zu Beginn des Experiments werden Wellen ausgesendet. Sie treffen auf einen Filter mit zwei Schlitzen, durchqueren die Schlitze und treffen auf einer Wand dahinter auf. Dort zeichnet sich nun ein Interferenzmuster mit unterschiedlicher Dichte ab.

In einem nächsten Schritt wird nun eine Kamera als Beobachter am Filter angebracht, um zu sehen, durch welchen Schlitz das Teilchen einer Welle geht. Doch interessanterweise gehen jetzt keine Wellen mehr durch die Filter, sondern nur noch die Teilchen; auf der Wand zeichnen sich nur noch zwei Striche mit gleicher Dichte ab. Der Unterschied zwischen dem ersten und dem zweiten Schritt war die Kamera, der Beobachter.

Das Bewusstsein aus 5D+ wirkt auf die Ebene der Quanten der vierten Dimension und erzeugt die Realität.

Daraus lässt sich Folgendes ableiten: Ein Beobachter einer Energiewelle bringt die Welle zum Kollabieren, nur noch das Teilchen wird gesehen. Welle und Teilchen reagieren auf einen Beobachter, der Beobachter bringt also eine zusätzliche Information mit ein und verändert das Energiefeld auf Quantenebene.

Diese Erkenntnis können Sie sich zunutze machen, wenn Sie akzeptieren, dass jedes Mal, wenn Sie auf ein Energiefeld schauen oder Ihre Aufmerksamkeit auf ein Energiefeld richten, Sie Informationen in dieses Feld einbringen und es somit beeinflussen und energetisch verändern.

So gesehen gibt es keinen unbeteiligten Beobachter mehr; denn ob Sie unbewusst oder bewusst Ihre Aufmerksamkeit einsetzen – jedes Mal nehmen Sie Einfluss. Ihre Sinnesorgane dienen Ihnen zur Erfassung der Welt der dritten Dimension. Richten Sie z.B. Ihre Augen auf einen Menschen oder einen Gegenstand, dann ist dort auch Ihre Energie; und wenn Sie Ihre Energie auf etwas richten, dann wächst dieses Energiefeld. Doch nicht nur mit Ihren Augen bringen Sie Ihre Energie ein, auch durch Ihre Ohren – durch Hinhören –, Ihre Nase, Ihre Zunge und Ihre Haut. Egal, wie Sie Ihre Sinnesorgane zum Wahrnehmen einsetzen – sofort ist Ihre Energie dort, und das Feld wächst.

Schon seit vielen Jahren gibt es in der Werbebranche den Spruch: »Lieber negativ aufgefallen als überhaupt nicht.«

Energie als Nahrung

Vielleicht haben Sie schon einmal beobachtet, was passiert, wenn z.B. die Kirche einen Song, einen Film oder einen Werbespot auf den Index setzt und die Gläubigen davor warnt. In der Regel findet dann genau das Gegenteil statt: Erst dadurch erfahren viele nun von dem Ereignis und reagieren darauf. Der Vorfall wird konträr diskutiert, und das energetische Feld bekommt von allen Seiten Nahrung in Form von Energie. Immer mehr Menschen gehen in Resonanz.

Morphische Felder wachsen, wenn sie Energie bekommen. Wenn Sie sich also über einen Menschen oder eine Institution aufregen, dann ist dort Ihre Energie, und Sie tragen ungewollt zum Wachstum bei. Es ist deshalb nicht sinnvoll, sich mit Menschen oder Dingen zu beschäftigen, die Sie nicht wollen, ablehnen oder missbilligen, denn dann nähren Sie deren energetischen Felder. Sie stärken ihr Wachstum und sorgen für eine noch größere Ausstrahlung.

Die Eigenschaften morphischer Felder

▸ Alles hat ein individuelles morphisches Feld.

▸ Jedes morphische Feld ist polarisiert.

▸ Jedes morphische Feld wächst, wenn Sie Ihre Aufmerksamkeit darauf richten – ob diese Aufmerksamkeit nun negativ oder positiv ist.

Verbinden mit Wissensgebieten

Durch die energetische Aufmerksamkeit, die Sie auf ein morphisches Feld richten, bringen Sie die dort gespeicherten Informationen ins Mitschwingen; Sie erzeugen Resonanz und erhalten von diesem Feld Schwingungen in Form von Informationen zurück. Bleiben Sie mit Ihrer Aufmerksamkeit bei diesem Feld, erhöht sich Ihre Wahrnehmung, und Sie bekommen immer mehr, detailliertere und umfangreichere Informationen zurück. Das Gesetz der Anziehung beginnt zu wirken.

Schüler haben oft ein Problem: Sie müssen theoretisches Wissen aus für sie vollkommen uninteressanten Wissensgebieten für Klassenarbeiten, Klausuren und Prüfungen lernen. Normalerweise sind für diese Wissensgebiete keinerlei Schwingungen in ihrem Energiekleid angelegt. Doch um mit den Schwingungen in Resonanz gehen zu können, müssen diese erst integriert sein. Sind dann auch im Lebensplan keinerlei diesbezügliche Fähigkeiten enthalten, wird es noch schwerer mit dem Lernen und Verstehen.

Ein Wissensgebiet hat ein morphisches Feld. In ihm sind alle relevanten Informationen polarisiert vorhanden. Richten Sie jetzt Ihre Aufmerksamkeit durch Hinschauen, Hinhören, Hinfühlen usw. auf

Unabhängig davon, ob Sie Ihre Aufmerksamkeit negativ oder positiv auf ein energetisches Feld richten: Es wächst. Machen Sie sich diese Erkenntnis zunutze.

dieses energetische Feld, dann bringen Sie die dort angelegten Energien ins Schwingen und erzeugen Rückmeldungen. Bleiben Sie mit Ihrer Aufmerksamkeit dort oder nehmen Sie immer wieder Kontakt auf, dann intensivieren Sie kraft Ihres Bewusstseins dieses Feld und erhalten mehr und mehr Rückmeldung.

Schneller lernen mit Matrix Inform

Wissensgebiete haben Repräsentanten in der dritten Dimension, z. B. Bücher. Normalerweise verbinden Sie sich mittels Lesen mit diesen Informationen, d. h., Sie haben sich mit dem morphischen Feld verbunden und legen diese Schwingungen nun durch Lesen und Lernen in Ihrem Energiekleid an. Mit Matrix Inform können Sie diesen Prozess deutlich intensivieren und beschleunigen.

Bücher haben ein eigenes morphisches Feld und stehen in direkter Verbindung zum gesamten Feld dieses Wissensgebiets, unabhängig davon, ob es ein Lehrbuch oder ein Fachbuch ist.

Verbinden Sie sich über das Buch mit den Informationen im Buch und dem komplexeren Bereich des gesamten Wissensgebiets. Das Buch steht für den ersten Punkt der Zwei-Punkt-Methode, Ihr Energiekleid für den zweiten Punkt. Formulieren Sie Ihre Absicht – z. B. »alle wichtigen Informationen in meinem Energiekleid anlegen«. Durch Auslösen der »Welle« (siehe S. 164ff.) leiten Sie nun hohe Schwingungen auf das morphische Feld des Wissensgebiets und des Buchs und stellen so eine direkte Verbindung zwischen Ihrem Bewusstsein und dem Wissensgebiet her. Da die hohen Schwingungen aus 5D+ nicht polarisiert sind, werden nur die relevanten Informationen in Ihr Energiekleid übertragen.

Durch diese Vorgehensweise legen Sie neue Schwingungen in Ihrem Energiekleid an, mit der Folge, dass Sie leichter lernen, erfassen und bei Bedarf – etwa bei Prüfungen – auch abrufen können. Sie müssen sich dann nur kurz mit einer »Welle« erneut mit dem Wissensgebiet verbinden, und schon können Sie auf alle relevanten Daten zugreifen.

Fallbeispiel Patrick

Patrick, ein 16-jähriger Schüler der 10. Klasse eines Gymnasiums, besuchte die Matrix-Inform-Seminare Level 1 und Level 2. Obwohl er insgesamt ein guter Schüler war, konnte er durch die Matrix-Inform-Anwendungen seine schulischen Leistungen noch verbessern. Beim Lernen und vor allem beim Lernen vor Klassenarbeiten verband Patrick sich mit den Informationen aus den Feldern der Buchautoren und Themenbereichen seiner Lehrer oder auch Prüfer sowie mit den Feldern der Prüfungsfragen und deren Lösungen. Dies hatte zur Folge, dass Patrick nach und nach immer mehr Freude am Lernen gewann und sich auch dann noch gut zum Lernen motivieren konnte, wenn er einmal keine so große Lust auf Schule hatte. Durch Matrix Inform fühlte er sich bei Prüfungen deutlich sicherer und entspannter.

Haben Sie schon einmal einen Multiple-Choice-Test machen müssen? Bei diesen Tests passiert sehr oft Folgendes: Der Prüfling geht die Fragen durch und kreuzt die Antworten an, die er für richtig hält. Wenn er fertig ist und noch Zeit zur Verfügung steht, liest er die Fragen noch einmal durch und beginnt zu korrigieren – mit dem Ergebnis, dass manche richtig angekreuzte Antworten nun in falsche Antworten umgewandelt werden. Im ersten Durchgang war der Prüfling über das morphische Feld verbunden und kreuzte einige der Antworten intuitiv richtig an. Beim zweiten Durchgang wurden die Antworten über den mentalen Körper – mit dem Verstand – gesucht und entsprechend angekreuzt.

Mit Matrix Inform können Sie leichter lernen und erlerntes Wissen jederzeit wieder abrufen.

Verbinden mit Personen

Was Sie mit Wissensgebieten tun können, können Sie auch mit morphogenetischen Feldern von Menschen machen. Für ein besseres Verständnis gleich zu Beginn Folgendes: Jedes Mal, wenn Sie sich bewusst oder unbewusst mit einem Feld verbinden, nähren Sie dieses Feld mit Ihrer Energie. Sie nehmen also niemandem etwas weg oder ziehen einem Feld auf diesem Wege Energie ab. Im Gegenteil: Sie stärken das Feld der Person oder der Sache. Sie machen, sehr vereinfacht dargestellt, lediglich eine Kopie von den erforderlichen Informationen.

Angst ist einer der größten energetischen Widerstände. Angst verhindert den Zugang zu sich selbst und zu allem anderen.

Aus Untersuchungen weiß man, dass, wenn ein Prüfer die Prüfungsfragen selbst gelöst hat, die Prüflinge bessere Noten schreiben. Der zunächst erstaunlich anmutende Vorgang ist mit dem Verständnis der morphischen Felder leicht zu erklären. Das Energiekleid des Prüfers beinhaltet die relevanten Informationen; dadurch dass nun der Prüfer im Raum ist, ist sein Energiefeld leicht für einen interaktiven Austausch mit den Prüflingen zugänglich. Unbewusst greifen die Prüflinge darauf zu. Nur der Prüfling, der durch Prüfungsangst blockiert oder ausschließlich über seinen Verstand versucht, die Aufgaben zu lösen, hat keinen Zugang zum morphischen Feld.

Im Prinzip ist die Vorgehensweise mit dem Verbinden mit Wissensgebieten vergleichbar: Sie stellen sich auf die Person ein, indem Sie an sie denken. Wenn es Ihnen schwerfällt, nur an die Person zu denken, kann zur Unterstützung auch ein Bild der Person hilfreich sein. Nun wenden Sie die Zwei-Punkt-Methode an. Ihr erster Punkt ist die mentale Verbindung zu der Person, der zweite Punkt ist Ihr Energiefeld. Formulieren Sie Ihre Absicht und lösen Sie die »Welle« aus (siehe S. 164ff.).

Fallbeispiel
Familie, Kinder, Schule

Nicole und Mark sind Eltern von vier Kindern im Alter zwischen 13 und 18 Jahren. Sie lernten Matrix Inform 2008 kennen und wenden es seitdem in allen Lebensbereichen an. Mit vier Kindern existieren fast täglich Herausforderungen der unterschiedlichsten Art; insbesondere die Schule ist immer wieder Ansatzpunkt für Matrix-Inform-Anwendungen.

Als sie anfänglich die Kinder mit Matrix Inform beim Lernen unterstützten, war es mehr ein Spiel mit geringer Erwartungshaltung, doch nach wenigen Wochen zeigten sich deutliche Ergebnisse bei den Noten. Diese waren bei allen Kindern um mehr als eine Note im Durchschnitt besser geworden – allein dadurch, dass die linke und die rechte Gehirnhälfte in eine verbesserte Harmonie gebracht wurden und die Angst vor Versagen transformiert war.

Zu Beginn standen die Kinder der Methode noch skeptisch oder sogar ablehnend gegenüber, doch mit den besseren Noten – ohne dafür mehr lernen zu müssen! – stieg die Nachfrage nach Matrix-Inform-Anwendungen stetig an, insbesondere wenn es um wichtige Klassenarbeiten oder Prüfungen ging. Auch die Entflechtung zwischen Kindern und Lehrern hat die Situation um einiges harmonischer werden lassen.

Seitdem werden die Kinder je nach anstehender Aufgabe oder Herausforderung unterschiedlich vorbereitet. Geht es um ein Referat, wird die Kommunikation verbessert; dann verbinden sie sich mit dem energetischen Feld eines guten Redners. Vor Prüfungen wird eine Verbindung zum Prüfer und den Prüfungsfragen vorgenommen, vor Klassenarbeiten mit dem Lernstoff und dem Klassenlehrer usw. Nicht jedes Kind hat zu jedem Wissensgebiet einen guten Zu-

Mit spielerischer Leichtigkeit und einer Matrix-Inform-Welle können viele belastende Themen auf einfache Art und Weise transformiert werden. Danach haben Sie zu neuen Themen einen leichteren Zugang.

gang und lernt leicht. Bei einem der Mädchen war dies der Fall mit dem Fach Englisch. Dementsprechend wurden im Energiekleid des Mädchens grundlegende Schwingungen über Verbindungen zur Sprache angelegt: mit Wörterbüchern, englischer Grammatik, der englischen Kultur, der englischen Sprache im Allgemeinen und mit dem Energiefeld des Englischlehrers. Wenn Schwingungen angelegt sind, ist es leichter möglich, Resonanzen zu erzeugen, also leichter zu lernen. Mit dem Ergebnis, dass das Mädchen mittlerweile in Englisch sogar Noten zwischen 1 und 2 schreibt.

Mittlerweile sind sowohl Nicole und Mark als auch die Kinder sehr kreativ und erfinderisch in der Anwendung von Matrix Inform. Es werden etwa die Wunschnoten geäußert und als Ergebnis energetisch vorbereitet; das klappt zwar nicht immer – denn ganz ohne Lernen geht es auch nicht –, doch die Vorgehensweise vermittelt Sicherheit und verhindert, dass die Angst vor schlechten Noten den Zugang zum Wissen blockiert.

Viele Faktoren machen Menschen einzigartig und wertvoll; ebenso viele Faktoren verhindern es, diese Einzigartigkeit zu leben. Das liegt einzig und allein an dem individuellen Energiekleid.

Neue Schwingungen im Energiekleid anlegen

Nehmen wir einmal an, Sie möchten in ein bestimmtes Land auswandern, doch Sie haben keinerlei Kenntnisse über die Menschen, die Sprache, die Geschichte, die Gesetze und die Kultur dieses Landes. Allerdings hat das Land ein eigenes morphisches Feld, in dem all diese Informationen gespeichert sind. Zudem gibt es Repräsentanten für dieses Land, z. B. Reiseführer, Wörterbücher, Geschichtsbücher, führende Persönlichkeiten aus Politik, Wirtschaft, Sport und Kultur und dergleichen mehr.

Stellen Sie sich nacheinander mittels der einzelnen Repräsentanten auf das morphische Feld des Landes ein und legen Sie mit Matrix Inform und der Zwei-Punkt-Methode die für Sie wichtigen Schwingungen in Ihrem Energiekleid an. Sobald die Informationen in Ihrem Energiekleid eine gewisse Größe an Energie erreicht haben, strahlen Sie die Schwingungen aus, bringen in Ihrem direkten Umfeld passende Schwingungen in Resonanz und ziehen somit immer mehr und umfangreichere Informationen an. Darüber hinaus lernen Sie die Sprache leichter und können sich besser in die landestypische Mentalität einfühlen.

Je mehr Verdichtungen aus Ihrem Energiekleid transformiert sind, desto klarer wird Ihre Ausstrahlung und desto stärker werden die Dinge angezogen, die zu Ihnen passen.

Wie gewinnen Sie Anziehungskraft?

Was Sie ausstrahlen, das ziehen Sie an. Und glauben Sie mir: Sie strahlen ganz viele Dinge aus, derer Sie sich nicht bewusst sind. Was wiederum zur Folge hat, dass Sie dies auch nicht erkennen und transformieren können.

Ein altes Sprichwort sagt: Gefahr erkannt, Gefahr gebannt. Hier müssen Sie ansetzen. Sie müssen sich Ihrer Ausstrahlung bewusst werden und die Schwingungen der Dinge transformieren, die Sie nicht wollen und nicht brauchen. Doch wie können Sie unbewusste hinderliche Glaubenssätze und Überzeugungen oder Sabotageprogramme erkennen?

Auch dies ist ein Bewusstwerdungsprozess. Ganz viele Menschen wissen nicht, was sie wollen. Ich gehe sogar noch einen Schritt weiter: Sie wissen noch nicht einmal, was sie *nicht* wollen. Und genau das strahlen sie aus: Unklarheit und Unsicherheit. Sie sind, wie wir in Süddeutschland gern sagen, wischi-waschi.

Der erste Schritt – Klarheit schaffen

Um Klarheit zu schaffen, gibt es eine ganz einfache Methode: Schreiben Sie einmal alles auf, was Sie zukünftig nicht mehr in Ihrem Leben haben wollen. Danach gehen Sie Ihre Liste durch und führen zu jedem der Punkte eine Matrix-Inform-Anwendung durch (siehe S. 164ff.). Damit haben Sie Transformationswellen auf Ihr Energiefeld geleitet, und die Dinge beginnen, sich zu verändern. Achten Sie in den nächsten Tagen einmal darauf, ob Sie spürbare Veränderungen wahrnehmen.

Mit Matrix Inform können Sie den in Ihnen angelegten Lebensplan erkennen und leben. Dies wird mit zunehmender Klärung und Transformation Ihres Energiekleids immer leichter.

Sollten Sie keine Themen gefunden haben, die Sie nicht wollen – umso besser! Dann wissen Sie sicherlich schon, was Sie wollen, oder? Falls doch nicht, schreiben Sie einfach einmal auf, was Sie gern noch machen wollen oder gern hätten. Im Anschluss führen Sie nun auch hier mit jedem einzelnen Punkt eine Matrix-Inform-Anwendung durch. Damit aktivieren Sie das morphische Feld und transformieren hinderliche Energien.

Geben Sie ab sofort den Menschen und Dingen, die Sie nicht mehr in Ihrem Leben haben wollen, keine Energie mehr. Ziehen Sie von diesen morphischen Feldern Ihre Aufmerksamkeit ab. Alles, dem Sie keine Energie mehr geben, verschwindet nach und nach aus Ihrem Leben. Anfänglich drängen diese Felder sicherlich noch verstärkt in Ihr Bewusstsein. Führen Sie deshalb jedes Mal, wenn Ihnen ein diesbezüglicher Gedanke oder eine entsprechende Situation begegnet, eine Matrix-Inform-Anwendung zur Transformation durch.

Richten Sie Ihre Aufmerksamkeit nur noch auf Dinge, die Sie gern in Ihrem Leben haben wollen. Aktivieren Sie diese morphischen Felder durch eine Matrix-Inform-Anwendung und integrieren Sie die Schwingungen in Ihr Energiekleid. Nach und nach erhöhen Sie Ihre Schwingung und damit auch Ihre Ausstrahlung.

Wenn Sie dies konsequent tun, tauchen anfänglich hemmende Glaubenssätze auf. Sobald Sie auf einen solchen Glaubenssatz stoßen, führen Sie eine entsprechende Matrix-Inform-Anwendung durch. Sind dann die oberflächlichen Glaubenssätze transformiert und schlummern tiefer sitzende Programme und Überzeugungen in Ihrem Energiekleid, treten diese auch in Ihr Bewusstsein. Immer wenn Sie auf solche Blockierungen aufmerksam werden, sollten Sie sich mit Ihrem Höheren Bewusstsein verbinden und eine Transformationswelle auf diese verdichteten Energien leiten.

Der Lebensplan kommt zum Ausdruck

Der Lebensplan als Teil der Urmatrix hat eine starke Verwirklichungstendenz. Dies ist auch der Grund, warum sich Krisen verstärken, wenn sich jemand von seinem Lebensplan immer weiter entfernt. Es ergibt daher keinen Sinn, sich gegen den Lebensplan zu wehren.

Durch die Transformation der Dinge, die Sie nicht mehr in Ihrem Leben haben wollen, und durch die Ausrichtung auf die Dinge, die Sie gern hätten, verändert sich erst in den morphischen Feldern die Energie und in der Folge Ihre Realität. Da Sie dies mit Matrix-Inform-Anwendungen unterstützen, sollten Sie Ihren Zugang zu Ihrem Höheren Selbst aktivieren. Die angelegten Schwingungen der Urmatrix und Ihr Lebensplan drängen verstärkt ins Bewusstsein. Und nun brauchen Sie nur noch Vertrauen und etwas Geduld. Nehmen wir einmal an, Sie hätten sich auf ein Ziel ausgerichtet, das wie vieles in der Vergangenheit nicht Ihrem Lebensplan entspricht,

Wünsche, die Ihren Lebensplan unterstützen und zu ihm passen, erhalten eine unwahrscheinliche Dynamik und Verwirklichungstendenz.

weil Sie diesen immer noch nicht erkannt haben. Oder Sie haben sich mit Ihrem Ego wieder einmal falsch positioniert. Ihr Höheres Selbst zeigt Ihnen dann immer schneller und direkter, dass Sie falsch liegen, und bietet Ihnen immer deutlicher auf allen möglichen Wegen Möglichkeiten, die richtigen Entscheidungen zu treffen. Denn fehlgeleitete Wünsche, Ziele oder Visionen können und werden nicht mehr in Erfüllung gehen. Im Gegenzug werden Ihnen die fehlenden bzw. richtigen Informationen ebenso »zufällig« zugespielt, etwa Kontakte zu den richtigen Menschen und Institutionen. Alles läuft immer runder.

Es ist immer der gleiche Vorgang. Sie müssen bei sich beginnen, wenn Sie die Welt, also Ihre Welt, zum Guten verändern wollen. Matrix Inform ist ein Katalysator für die Veränderung zum Guten.

Wenn Sie also nicht wissen, was genau der richtige Weg für Sie ist, dann schlagen Sie die vermeintlich richtige Richtung ein und achten auf die Zeichen aus Ihrem Umfeld. Kommen Hindernisse, Hürden und Schwierigkeiten auf, ist dies nicht der richtige Weg. Geht alles leicht und locker wie von selbst, sollten Sie Ihre Aktivitäten steigern, denn dann sind Sie absolut auf dem richtigen Weg.

Ein kluger Mensch hat einmal gesagt: Sei vorsichtig, was du dir wünschst, denn deine Wünsche könnten in Erfüllung gehen. Was bedeuten kann, dass es auch Wünsche sind, die nicht Ihrem Lebensplan entsprechen, Sie in Krisen bringen oder dafür sorgen, dass Sie an Ihrem eigentlichen Ziel dieses Lebens vorbeinavigieren.

Wenn Sie Ihre Wünsche formulieren und mit einer Matrix-Inform-Welle aktivieren, werden nur die Wünsche in Erfüllung gehen, die Ihrem Lebensplan entsprechen. Das ist ein absoluter Schutz, dem Sie voll vertrauen können. Allerdings kann es hin und wieder auch einmal frustrierend sein, wenn man einen anscheinend passenden Wunsch formuliert und dieser nicht in Erfüllung geht. Wenn Ihnen das widerfährt, haben Sie Vertrauen – es wird schon seinen Grund haben, auch wenn er in diesem Moment nicht erkennbar oder nachvollziehbar ist.

Jeder hütet seinen eigenen Schatz

Die Weisen der Welt suchten einen Ort, um die Weisheit vor den Menschen zu verstecken. Finden sollte die Weisheit nur, wer durch sein Bewusstsein Reife erlangt hatte. Einer der Weisen schlug vor, die Erkenntnis am tiefsten Punkt der Ozeane zu versenken. Doch ein anderer entgegnete: »Die Menschen werden eines Tages auch ohne Bewusstsein Maschinen bauen, mit denen sie jeden Grund eines Ozeans leicht erreichen können.« Ein anderer schlug vor, die Weisheit auf dem höchsten Berg zu vergraben; doch auch dieser Vorschlag fand wenig Begeisterung. Nach langen Beratungen hatte einer der Weisen die Lösung: Die Weisheit sollte tief im Inneren eines jeden Menschen versteckt werden, denn dort würden die Menschen zuletzt suchen.

Das Gesetz der Anziehung

Sie ziehen kraft der Resonanz die Menschen, Dinge und Lebenssituationen in Ihr Leben, für die Sie die passenden Schwingungen in Ihrem Energiekleid tragen. Klären Sie Ihr Energiekleid von allen überholten und behindernden Schwingungen, erhalten Sie eine starke und klare Ausstrahlung. Alles, was Sie durch Ihre Ausstrahlung ins Mitschwingen bringen, folgt dem Gesetz der Anziehung; Sie werden ein Magnet für die Menschen, Dinge und Situationen, die zu Ihrem Lebensplan passen und die Sie bei der Lösung Ihrer selbst gestellten Aufgaben für diese Inkarnation voll und ganz unterstützen.

Halten Sie immer wieder einmal inne und werden Sie sich Ihrer wirklichen Wünsche und Ziele bewusst.

Wenn Sie an Ihre Mitmenschen denken, fällt Ihnen vielleicht jemand ein, eine Frau, die immer wieder die gleichen Typen von Männern kennenlernt und zum wiederholten Male identische enttäuschende Erfahrungen machen muss. Würde diese Frau nach einer Beziehung erst einmal Ihr Energiekleid transformieren und das Energiekleid von den gespeicherten und belastenden Erfahrungen der Beziehung befreien, sich dann darauf besinnen, was ihr in einer Beziehung wichtig ist und sich entsprechend ausrichten, käme sie ihrem Seelenpartner deutlich und schneller näher.

Bewusst leben

Das Schlüssel-Schloss-Prinzip

Viele Menschen stehen sich im wahrsten Sinne des Wortes selbst im Weg. Was sie mühevoll und im Schweiße Ihres Angesichts aufbauen, reißen sie durch unbewusstes Verhalten wieder ein. Oder sie senden hoffnungsvoll Wünsche aus, um sie direkt im Anschluss energetisch wieder zu neutralisieren. Was sie auch tun, sie kommen nicht so richtig von der Stelle.

In diesem Buch habe ich viele Puzzleteilchen zu einem neuen Bild zusammengetragen und Ihnen verschiedene Zusammenhänge sowie wirkungsvolle Vorgehensweisen aufgezeigt. Jetzt möchte ich Ihnen die Schlüssel übergeben, mit deren Hilfe Sie Ihr Leben voll bewusst und eigenverantwortlich in allen Lebenslagen erfolgreich gestalten können.

Ein Mensch, der im Flow ist, begeistert durch seine Präsenz und seine Leistungen.

Die vier Schlüssel sind für ein Spezialschloss. Sie öffnen sich damit das Tor zu einem erfüllten Leben. Die Verwendung eines Schlüssels allein wird Ihnen das Tor nicht öffnen. Es müssen schon alle vier Schlüssel in der richtigen Reihenfolge eingesetzt werden, um zum Erfolg zu gelangen.

Doch bevor ich Sie mit den einzelnen Schlüsseln vertraut mache, möchte ich Sie mit dem Phänomen des Flow in Kontakt bringen und seine Zusammenhänge zum Lebensplan aufzeigen. Denn wer seinen Lebensplan lebt, ist im Flow!

In den Flow kommen

Flow steht für fließen oder im Fluss sein. Als Begriff wird Flow sehr stark im Sport eingesetzt. Flow wird immer wieder beschrieben und als Erklärung herangezogen, um herausragende und unerwartete Leistungen zu erklären. Doch wie man in den Flow kommt, wird nur vermutet, darüber wird spekuliert. Es gibt keine Technik, keine Trainingsmöglichkeit und kein Coaching für den Flow, weil dabei in der Regel nur der physische und der mentale Körper berücksichtigt werden. Man weiß zwar, dass eine gute emotionale Verfassung auch eine Voraussetzung für gute Leistung darstellt – aber wie man es schafft, sie zu bekommen, weiß niemand so genau.

Kommen spirituelle Ansätze ins Spiel, wehren sich Funktionäre, Trainer und Sportler, obwohl sehr viele Sportler abergläubisch sind und oft ihre eigenen Rituale haben, um sich optimal auf einen Event vorzubereiten. Und damit meine ich nicht nur das christliche Kreuz, das z. B. vor einem zu schießenden Elfmeter beim Fußball oder vor Spielbeginn geschlagen wird.

Wenn Sie das Wort »Geistesgegenwärtigkeit« aufschlüsseln, begegnen Ihnen wieder die vier Energiekörper: spiritueller, emotionaler, mentaler und physischer Körper.

Geistesgegenwärtig sein

Wie ist ein Mensch, der geistesgegenwärtig ist? Im Begriff selbst steckt bereits das Wort »Geist«. In meinem Modell ist der Geist dem spirituellen Körper, dem Höheren Selbst oder dem Bewusstsein zugeordnet. Damit können Sie annehmen, dass jemand, der geistesgegenwärtig ist, auch einen direkten Zugang zu seinem Höheren Bewusstsein hat.

Weiterhin befindet sich ein geistesgegenwärtiger Mensch für diesen Moment emotional in einem ausgeglichenen Zustand und kann auch mental alles abrufen, was zur Bewältigung der anstehenden Aufgaben erforderlich ist. Er ist zudem körperlich vollkommen leistungsfähig und belastbar.

Auch wenn der Begriff »Flow« bevorzugt im Sport verwendet wird, so lassen sich die Beschreibungen und der Zustand des Flow auch in alle anderen Lebensbereiche übertragen. Wer wäre nicht gern in allen Lebenslagen im Flow? Locker, leicht, entspannt, glücklich, präsent und mit einer klaren Ausstrahlung authentisch zu wirken, um magnetisch und bewusst Erfolg und Anerkennung anzuziehen – schlicht und einfach das zu leben, was Sie sich für diese Inkarnation und mit Ihrem Lebensplan vorgenommen haben.

Erster Schlüssel – die körperliche Haltung

Eine körperliche aufrechte Haltung mit erhobenem Kopf ist der erste Schlüssel und ermöglicht den positiven Zugang zum mentalen Körper.

Kopf hoch! Eine Empfehlung an Menschen, die traurig sind oder gerade eine unschöne Erfahrung machen mussten. Wer den Kopf gesenkt hält, kann nicht gleichzeitig positiv denken, sondern versinkt im Selbstmitleid und sieht überall nur Probleme und Hindernisse. Der erste Schlüssel liegt deshalb bereits auf der körperlichen Ebene. Ihre körperliche Haltung repräsentiert Ihre innere Einstellung zum Leben. Beobachten Sie einfach einmal Menschen, die mit gesenktem Kopf und gebeugter Haltung durchs Leben gehen. Wie wirken diese Menschen auf Sie? Wie stark fühlen Sie sich von diesen Menschen angezogen? Würden Sie als Chef eines Unternehmens einem Menschen mit einem solchen körperlichen Ausdruck eine verantwortungsvolle Stelle geben? Welche Frau oder welcher Mann würde gern einen Lebenspartner haben, der depressiv und in sich verschlossen ist?

In höheren Kreisen der Gesellschaft wird sehr viel auf einen aufrechten Gang mit erhobenem Kopf Wert gelegt. Was glauben Sie wohl, warum? Eine gerade Haltung und ein aufrechter Gang mit erhobenem Kopf bringen Ausstrahlung, demonstrieren Würde und verlangen Beachtung. Wem zollen Sie mehr Respekt: einem Menschen mit gesenktem Kopf oder einem mit einer aufrechten Körperhaltung?

Wer den Kopf gesenkt hält, leitet automatisch seinen Blick nach unten. Das wird sehr oft als Zeichen von Unsicherheit und Unterwürfigkeit betrachtet. Wer den Kopf hebt und den Blick klar auf die Menschen und Dinge in seiner Umgebung richtet, wird auch eine viel bessere Wahrnehmungsfähigkeit haben.

Viele in einem Energiekleid angelegte Glaubenssätze sind negativ und verhindern es, die positiven Aspekte zu sehen.

Beim aufrechten Stehen oder Gehen können darüber hinaus auch die Energien im Körper leichter und ungehinderter fließen. Wer z. B. weiß, dass die Meridiane (nicht sichtbare Energiebahnen im Körper) vom Kopf zu den Füßen und Händen und wieder zurück einen Energiekreislauf bilden, kann leichter nachvollziehen, warum eine aufrechte Haltung so wichtig ist.

Zweiter Schlüssel – die Kraft der Gedanken

Heben Sie Ihren Kopf und Sie können klarer denken. In den 1980er-Jahren war positives Denken angesagt, es wurde mentales Training als neue Errungenschaft für erfolgreiches Handeln gelehrt. Aus Amerika kam NLP (Neurolinguistisches Programmieren), bei dem Gestik, Mimik, Augenbewegungen usw. als körperliche Zeichen mentalen Mustern zugeordnet werden können.

Wie Sie bereits gelesen haben, sind die morphischen Felder polarisiert. Wörter und Gedanken bestehen aus Energie und schwingen. Senden Sie negative und destruktive Gedanken aus, dann bringen Sie den negativen Pol eines morphischen Feldes kraft der Resonanz zum Mitschwingen und ziehen in der Folge das Negative an. Schwingungstechnisch gesehen sind negative Gedanken auch viel dichter, also langsamer schwingend als positive Gedanken.

Denken Sie negative Gedanken, dann verdichtet sich Ihr Energiekleid immer mehr, und es wird immer schwerer, die Dinge und das Leben von einer angenehmeren Seite zu sehen.

Halb leer oder halb voll?

Optimistisches und positives Denken ist der zweite Schlüssel zum emotionalen Körper und zu den hochschwingenden Emotionen.

Der Pessimist sagt: Das Glas ist halb leer. Der Optimist sagt: Das Glas ist halb voll. Beide haben recht, doch entscheidend ist der Blickwinkel: Der eine sieht die negative Seite – in diesem Fall als Ausdruck von Mangel –, der andere sieht die positive Seite als Ausdruck von Fülle.

Alles hat zwei Seiten. Ein Schlüssel zum persönlichen Flow ist es, in allen Menschen, Dingen und Situationen die positiven Aspekte zum Ausdruck zu bringen. Sie können innerlich über die Schlange an der Supermarktkasse schimpfen oder sich mit offenem Blick die direkte Umgebung anschauen, mit einem anderen Kunden ein kurzes freundliches Gespräch führen oder an den Genuss der gekauften Waren denken.

Positives Denken bringt Sie in eine positive Grundstimmung, was wiederum zur Folge hat, dass Sie eine positive Ausstrahlung haben. Und Menschen mit einer positiven Ausstrahlung wirken anziehend auf andere; mit ihnen möchte man seine Zeit verbringen, weil jeder einen unbewussten Energiezuwachs als Gewinn verspürt.

Dritter Schlüssel – die emotionale Stimmung

Versuchen Sie einmal, sich glücklich zu denken – Sie werden feststellen, dass das nicht geht! Es ist unmöglich, sich glücklich zu denken. Glücklich können Sie sich nur fühlen, denn Gefühle gehören zu einem anderen Schwingungskörper, dem emotionalen Körper. Es ist auch unmöglich, negativ zu denken und sich gleichzeitig gut zu fühlen. Der zweite Schlüssel des positiven Denkens bringt Sie erst in die Lage, sich auch gut und glücklich zu fühlen. Oder wir betrachten das Ganze einmal umgekehrt: Sie sind wütend und wollen positiv denken. Unmöglich!

Verankern Sie jedes positive Gefühl und Erlebnis, um es in weniger guten Phasen wirkungsvoll abrufen zu können.

Gefühle, Emotionen sind sehr kraftvoll. Jemand mit rasendem Zorn ist kaum zu bändigen. Menschen, die voller Begeisterung sind, lassen sich schlecht bremsen. Auch Emotionen sind polarisiert: Emotionen wie Wut, Zorn, Trauer und Hass sind niedrig schwingende und verdichtete Energien, Emotionen wie Liebe, Dankbarkeit, Wertschätzung, Begeisterung und Lebensfreude sind hochschwingende und lichtere Energien.

Unsere Stimmungen gehören zum Bereich der Gefühle und sind dem emotionalen Körper zugeordnet. Fühlen wir uns beispielsweise »heruntergezogen«, wird die jeweilige Schwingung verlangsamt und verdichtet, also im wahrsten Sinne des Wortes heruntergezogen, und Ihre gesamte Stimmung geht gleich mit in den Keller. In der Folge verändern Sie Ihr Denken, Ihre Körperhaltung und damit Ihre gesamte Ausstrahlung.

Der dritte Schlüssel ist, sich gut und glücklich zu fühlen. Nutzen Sie alle Ihnen bekannten Dinge, um in eine gute Stimmung zu kommen. Hören Sie Musik, die Sie beschwingt und erhebt. Versetzen Sie sich mental und emotional in eine erlebte glückliche Situation. Sehen Sie sich lustige Filme im Kino oder im Fernsehen an. Suchen Sie die Gegenwart glücklicher und positiver Menschen.

Jedes Mal wenn Sie glücklich sind, verbinden Sie sich mit einer Matrix-Inform-Anwendung und verankern das positive Gefühl in Ihrem Energiekleid. Und auch umgekehrt: Jedes Mal wenn Sie der Seelenschmerz vergangener Zeiten zu überwältigen droht, transformieren Sie die verdichtete Energie mit einer Welle.

Vierter Schlüssel – Vertrauen

Der vierte und letzte Schlüssel bringt Sie in Anbindung an Ihr Höheres Selbst und öffnet damit den Zufluss lichtvoller Energien. Dieser Schlüssel ist Vertrauen – und Vertrauen ist der wichtigste Schlüssel überhaupt. Es reicht einfach nicht, mit aufrechter Haltung, positivem Denken und einer guten Stimmungslage durchs Leben zu gehen, um in den Flow zu kommen. Wobei ich zugeben muss: Die Vorstellung, dass ganz viele Menschen mit einer solchen Ausstrahlung durchs Leben gehen, ist ausgesprochen wünschenswert. Wahrscheinlich würde bereits das die Welt verändern.

Wer seine Probleme festhält, hat keine Hand frei für die Lösung! Wer loslässt, hat beide Hände frei für die Lösung.

Vertrauen hat auch etwas mit Loslassen zu tun. Wer Vertrauen hat, kann geschehen lassen und nimmt die Dinge, wie sie kommen. Vertrauen in sich selbst und seine Handlungen ist dabei ebenso wichtig wie Vertrauen in eine geistige und universelle Kraft. Zweifel und Unsicherheit sind genauso Zeichen mangelnden Vertrauens wie Misstrauen und nicht loslassen können. Wer sich selbst nichts zutraut und immer auf andere hofft oder alles selbst machen und regeln will, hat kein Vertrauen in sich und seine Mitmenschen und begrenzt sich schon hier in seiner Entwicklung.

Keiner ist allein auf der Welt. Niemand muss alles ohne Hilfe können, dafür haben Sie bereits bei der Vorbereitung der Inkarnation und den Programmierungen in Ihrem Lebensplan gesorgt. Jetzt geht es darum, sich dieser Hilfe zu erinnern und sich damit zu verbinden. Haben Sie den Mut und das Vertrauen, Ihre geistigen Helfer um Unterstützung zu bitten. Schenken Sie ihnen das Vertrauen, dass nur das geschieht, was gut für Sie ist.

Verspannungen der Muskulatur und Fehlhaltungen sind Widerstände. Matrix Inform eignet sich sehr gut für Selbstanwendungen; damit lassen sich auf einfache Art und Weise Entspannung und Lockerheit im physischen Körper wiederherstellen.

Widerstände erkennen und abbauen

In jedem der vier Energiekörper können sich Widerstände aufgebaut und manifestiert haben. Widerstände verhindern das Wirken der Schlüssel; deshalb ist es außerordentlich wichtig, die Widerstände zu erkennen und abzubauen.

Der physische Körper ist Ausdruck der Energien und Informationen aus allen anderen Energiekörpern. Mangelnde, fehlgeleitete, verzerrte und blockierte Energien zeigen sich als körperliche Schwächen, Leistungsmangel, Unfallgefährdung, Störungen in den Lebensrhythmen (z. B. Schlafstörungen, Verdauungsprobleme usw.) sowie als Symptome bis hin zu Krankheiten.

Die begrenzenden Glaubenssätze, die hemmenden Überzeugungen und die einschränkenden Programmierungen bilden die Widerstände im Bereich des mentalen Körpers. Sie erzeugen in einem Energiekleid regelrechte Schleifen und Rückkopplungen und veranlassen Sie immer wieder, in die alten Gedanken- und Verhaltensmuster zurückzufallen. Sobald in Ihnen solche energetischen Begrenzungen aufsteigen, sollten Sie mittels einer Matrix-Inform-

Welle eine Transformation einleiten. So bauen Sie nach und nach immer mehr Verdichtungen ab und erhöhen Ihre Schwingung.

Ängste und Sorgen sind Verdichtungen im emotionalen Körper eines Energiekleids und bilden ebenso extreme Widerstände wie Hass, Wut, Zorn, Neid, Missgunst, Habgier und Geiz. Steigen in Ihnen solche Gefühle auf und werden Sie sich ihrer bewusst, sollten Sie sobald wie möglich eine Transformation dieser Verdichtungen vornehmen. Versetzen Sie sich immer dann, wenn Sie können, in diese Gefühle und verbinden Sie sich mit Matrix Inform zu den lichtvollen und transformierenden Energien. Sie werden bald feststellen, dass sich Ihre emotionale Stimmung deutlich hebt.

Weiterhin sind Schwüre, Eide und Versprechen mitunter große Widerstände und binden über viele Leben hinweg. Es geht darum, frei von allen unnatürlichen und einschränkenden Energien zu werden. Lösen Sie diese alten Bindungen, damit Ihrer Entwicklung und Entfaltung nichts mehr im Wege steht.

Sich von Fremdbestimmung befreien

Über den emotionalen Körper wirken auch viele Beziehungen zu den Menschen in Ihrem Umfeld. Trennen Sie sich konsequent von allen manipulativen Einflüssen anderer Menschen und befreien Sie sich von jeder Fremdbestimmung.

Keine Beziehung kann dauerhaft durch Unterdrückung, Lügen, Manipulation und emotionale Übergriffe funktionieren. Nicht jede zwischenmenschliche belastende Verbindung muss getrennt werden, doch die aufgebauten und mitschwingenden emotionalen Belastungen sollten energetisch entflochten werden, um die förderlichen Seiten der Verbindung für alle Beteiligten wieder im vollen Umfang zur Geltung kommen zu lassen.

Denken Sie immer daran: Alles ist Schwingung, Information und Energie. Je höher Ihr Energiekleid schwingt, desto besser sind Sie im Flow.

Widerstände im spirituellen Körper sind mangelndes Vertrauen, fehlender Glaube und nicht loslassen können. Mit Glauben meine ich nicht den Glauben an Menschen oder eine Institution wie die Kirche, sondern den Glauben an eine allwissende und allumfassende Kraft einer höheren, geistigen Instanz.

Wenn Sie mit der Absicht »Vertrauen aufbauen« eine Matrix-Inform-Anwendung durchführen, werden sicherlich schnell alle möglichen Einwände in Form von Gedanken und Gefühlen in Ihnen aufsteigen. Das sind die manifestierten Widerstände in Ihrem Energiekleid, die es zu transformieren gilt.

Mit den vier Schlüsseln haben Sie Ihr Leben wieder in der Hand. Nun liegt es nur noch an Ihnen, was Sie daraus machen.

Harmonischer Fluss der Energien

Das Leben des Lebensplans ist ein Ausdruck von Flow, und Flow ist reproduzierbar, wenn die Energien über und in allen vier Energiekörpern harmonisch fließen und ein optimaler Informationsfluss gewährleistet ist. Eine der grundlegenden Eigenschaften von Matrix-Inform-Anwendungen ist es, blockierende und hemmende Energien zu transformieren, um für einen optimalen Energiefluss zu sorgen. Mit den vier Schlüsseln bringen Sie Schritt für Schritt Ihre Matrix mit dem Lebensplan in all Ihren Lebensbereichen zur Wirkung. Das beginnt bereits im physischen Körper damit, dass muskuläre Spannungen gelöst werden können, die Wirbelsäule sich aufrichtet und funktionell bedingte Beckenschiefstände sich ausgleichen. Sorgen Sie für eine aufrechte Haltung, klare Gedanken, eine ausgeglichene Gefühlslage und vertrauen Sie auf die universellen Kräfte – dann wirken Sie aus Ihrer Mitte.

Kollektiv Mensch

Harmonisches Miteinander

Wir Menschen werden geboren, um uns zu entwickeln und Erfahrungen für uns und das Kollektiv Mensch zu sammeln. Ein Mensch ist zwar rein physisch ein Einzelwesen, doch als Einzelner ist er nicht überlebensfähig. Damit die Menschheit nicht ausstirbt, bedarf es wenigstens zweier Menschen unterschiedlicher Polarität – männlich und weiblich, das gebende und das nehmende Prinzip. So hat alles in unserer Welt zwei Pole oder zwei Seiten. Wir profitieren von den Errungenschaften unserer Vorfahren, und unsere Nachfahren werden von unseren Entwicklungen profitieren. Wir Menschen brauchen einander, immer und zu jeder Zeit; ob das jedem bewusst ist oder nicht, spielt dabei keine Rolle. Ohne zu philosophisch zu werden, sollen im Folgenden Zusammenhänge zwischen Beziehungen und Partnerschaft und dem Lebensplan aufgezeigt werden.

Eine der wichtigsten Aufgaben in Ihrem Leben ist es, sich selbst zu lieben!

Zwischenmenschliche Beziehungen

Beziehungen sind das Salz des Lebens, sie bringen die Würze und den Geschmack. Beziehungen begleiten Sie auf all Ihren Wegen; im allgemeinen Sprachgebrauch gibt es die unterschiedlichsten Begriffe für Beziehungen. So sprechen wir beispielsweise von:

▸ Familie, d. h. nahen und entfernteren Verwandten
▸ Freunden
▸ Lebenspartnern und Geschäftspartnern
▸ Nachbarn, Bekannten
▸ Kollegen, Mitarbeitern und Vorgesetzten
▸ Kunden, Klienten, Mandanten, Patienten
▸ Lieferanten, Produzenten

Wer gute Beziehungen hat und pflegt, kann sehr weit damit kommen.

Die mit Abstand wichtigste Beziehung in Ihrem Leben ist die Beziehung zu sich selbst. Doch diese wird in den meisten Fällen entweder völlig vernachlässigt oder überbewertet.

Zum Wohle und Nutzen aller

Es geht bei der menschlichen Entwicklung darum, sich seiner selbst bewusst zu werden. Um das zu erreichen, muss eine Individualisierung stattfinden. Vereinfacht dargestellt, muss aus einer Gesamtmenge ein Teil separiert werden, ohne die Verbindung zum Ganzen zu verlieren – vergleichbar etwa mit einem Tropfen Wasser, den man dem Meer entnimmt. Der Tropfen ist zwar immer noch Wasser, wird aber auf die unterschiedlichste Art und Weise in seinem Umfeld zur Wirkung kommen. Wird der Tropfen dann wieder ins Meer gebracht, bringt er all seine Informationen mit und überträgt diese auf den gesamten Wasserkörper. Auch wenn der Vergleich mit einem Tropfen Wasser nicht ganz stimmig ist, so ist er doch nachvollziehbar.

Als Mensch sind wir ein Teil des Kollektivs Mensch. Wie Sie im Kapitel »Das Energiekleid und die vier Energiekörper« (siehe S. 79ff.) bereits lesen konnten, verfügen Sie über ein sehr spezielles und individuelles Schwingungsmuster. Doch dieses Energiekleid ist nicht in sich geschlossen, sondern steht in einem ständigen energetischen Austausch mit den Schwingungen aus dem direkten Umfeld und den in Resonanz stehenden morphischen Feldern. Dadurch beeinflussen wir andere Menschen und werden wiederum durch diese anderen Menschen beeinflusst.

Sie, ich und jeder andere Mensch kann dann am effektivsten wirken, wenn das gelebt wird, was in der jeweiligen Entwicklung vorgesehen ist. Dazu gehört die Eigenschaft, Mensch zu sein, ebenso wie die Informationen der eigenen Matrix und des Lebensplans. Und vor diesem Hintergrund unterliegt auch allen Matrix-Inform-Anwendungen immer eine grundlegende Absicht: »Zum Wohle und Nutzen aller!«.

Kein Lebensplan beinhaltet Aufgaben, die einem anderen Menschen zum Schaden gereichen oder dem Kollektiv Schaden zufügen – obwohl zugegebenermaßen niemand den Gesamtplan in seiner Komplexität erfassen kann. Daraus ergibt sich ein sehr wirkungsvolles Instrument. Wenn jeder alle seine Absichten, Vorgaben und Handlungen vor Ausführung unter dem Gesichtspunkt »zum Wohle und Nutzen aller« prüfen und dann erst handeln würde, stünde einem erfüllten Leben und einer harmonischen Entwicklung nichts mehr im Wege.

Ihr Energiekleid ist ein mehrdimensionales, interaktives, informationsbeinhaltendes, energiegeladenes Schwingungsfeld auf der Quantenebene.

Bleib, wie du bist!

Auf Geburtstags- oder anderen Glückwunschkarten steht oft der gut gemeinte Satz: Bleib, wie du bist. Aus einem anderen Blickwinkel gesehen, bedeutet er jedoch auch: Bitte, verändere dich nicht! So, wie du bist, kann ich dich einordnen, mit dir umgehen, dich gefügig machen, dich ausnutzen und dergleichen mehr. Wenn du dich änderst, muss auch ich mich bewegen und ändern; doch das ist anstrengend, das will ich nicht. Bleibe deshalb bitte solange wie möglich so, wie du bist.

Jeder, der schon einmal erlebt hat, wie die Umwelt auf eine persönliche Veränderung reagiert, weiß, wovon ich schreibe. Die einen wollen die Veränderung nicht wahrhaben und ignorieren sie einfach. Dieses Verhalten ist oft, aber nicht nur bei Eltern heranwachsender Kinder zu beobachten. Das Kind bleibt immer ihr Kind, und der erwachsene Sohn oder die Tochter werden immer noch wie ein kleines Kind behandelt. Andere reagieren verunsichert auf Veränderungen und ziehen sich zurück; in einigen Fällen kann dies sogar zu Ablehnung oder zum Streit führen.

Nichts ist so beständig wie die Veränderung. Doch ohne Veränderung gibt es keine Entwicklung. Leiten Sie die Veränderungen gezielt und bewusst ein und beginnen Sie, mit Matrix Inform verdichtete Informationen im Energiekleid zu transformieren, Grenzen im Kopf aufzulösen, neue Wege zu gehen, Selbstbewusstsein zu gewinnen und das zu tun, was Sie in Ihrem Leben weiterbringt. In der Folge verändert sich automatisch Ihr Umfeld. Einige Ihrer langjährigen Wegbegleiter werden Sie verlassen, Gewohntes wird langweilig, neue Menschen treten in Ihr Leben. Ihre Ausstrahlung wird klarer und kräftiger, und Sie wirken in Ihrer einzigartigen Art und verändern die Welt, Ihre Welt. Beginnen Sie bei sich selbst!

Selbstliebe und Selbstachtung

Beginnen Sie Ihr Leben bei sich selbst und leiten Sie die notwendigen Veränderungen ein. Wie bereits erwähnt, besagt das Energiegesetz, dass die Energie dort ist, wohin die Aufmerksamkeit gerichtet wird, und dass das, was Energie hat, wächst. Richten Sie zunächst Ihre Aufmerksamkeit auf sich selbst und bringen Sie sich und Ihr Energiefeld zum Wachsen.

Stellen Sie sich einmal vor den Spiegel, idealerweise nackt, und betrachten Sie sich ruhig und mit vollem Bewusstsein. Falls Sie vor den nackten Tatsachen Ihres Körpers zurückschrecken sollten, können Sie die Übung auch erst einmal bekleidet durchführen – Hauptsache, Sie führen sie durch.

Haben Sie beim Lesen des letzten Abschnitts auf Ihre Gedanken geachtet? Denn bereits bei der Vorstellung, sich nackt im Spiegel zu betrachten, tauchen bei fast allen Menschen die unterschiedlichsten Gedanken und Gefühle auf. In der Regel sind diese Gedanken und Gefühle ablehnend und negativ – außer, Sie sind selbstverliebt, was in diesem Fall absolut lobenswert wäre!

Selbst wenn Sie sich nicht ansehen können und sich und Ihren Körper ablehnen oder sogar hassen, sollten Sie diesen wichtigen Schritt der Selbstbetrachtung unternehmen. Nehmen Sie Blickkontakt mit sich auf und schenken Sie sich ein wenig Aufmerksamkeit und Energie.

Ich liebe und ich achte mich, gerade weil ich so bin, wie ich bin.

Wenn der erste Schock überwunden ist, suchen Sie sich körperliche Merkmale, die Ihnen an sich selbst gefallen. Irgendetwas werden Sie schon finden, vielleicht schöne Haare oder die Wimpern, es können auch die Fußnägel sein. Schön wäre es natürlich, wenn Sie ganz viele Teile an sich entdecken würden, die Ihnen gefallen. Loben Sie sich dafür, dass Sie z. B. so schöne, schlanke Hände haben, und rücken Sie das oder die Körperteile Ihres Wohlgefallens in den Mittelpunkt Ihrer Aufmerksamkeit. Unterstützen Sie Ihre Aufmerksamkeit mit einem guten Gefühl und verankern Sie dieses Wohlgefühl mit einer Matrix-Inform-Anwendung. Der erste Punkt ist ein Körperteil Ihrer positiven Aufmerksamkeit, den zweiten Punkt scannen

Sie sich (siehe S. 164ff.). Haben Sie die Verbindung zwischen den Punkten hergestellt, lassen Sie mental los, um die Verbindung zu den lichtvollen Energien wirken zu lassen.

Nach und nach werden Sie immer mehr Teile Ihres physischen Körpers entdecken, die Ihnen gefallen und denen Sie Ihre Aufmerksamkeit schenken wollen. Wenn Sie etwas fortgeschritten sind in Ihrer Selbstwahrnehmung, kommt die nächste Stufe.

Von der Selbstwahrnehmung zum Selbstbewusstsein

Bauen Sie selbstbewusst eine Beziehung zu sich auf.

Sie stehen wieder vor dem Spiegel – und dieses Mal bitte wirklich nackt, denn mittlerweile kann Sie nichts mehr erschrecken. Sehen Sie sich ruhig von oben bis unten an; drehen Sie sich und posen Sie ein wenig.

Wenn Sie dies ausführlich genossen haben, halten Sie inne; schauen Sie sich tief und fest in die Augen und sagen Sie dreimal laut zu sich: »Ich liebe und ich achte mich genauso, wie ich bin.« Nachdem Sie diese Aussage zum dritten Mal ausgesprochen haben, machen Sie eine Matrix-Inform-Anwendung. Suchen Sie sich Ihren ersten Punkt am Körper, scannen Sie einen zweiten Punkt und lassen Sie mental los.

Diese Übung bringt anfänglich einiges in Bewegung. Achten Sie daher auf die aufsteigenden Emotionen und Gedanken. Jeder Gedanke, der kommt, zeigt Ihnen einen Ihrer verborgenen Widerstände auf dem Weg zur Selbstfindung. Nach und nach bauen Sie eine gute Beziehung zu sich und Ihrem Körper auf.

Machen Sie die Übung regelmäßig – optimal wäre täglich – und zwar so lange, bis Sie keine negativen Gedanken und Gefühle mehr über sich und Ihren Körper haben. Machen Sie es sich bewusst: Sie haben nur diesen Körper und Sie können ihn nicht einfach umtauschen wie eine Bluse, ein Hemd oder eine Hose.

Der schlimmste Fehler, den Sie bei diesen Übungen machen können, ist, sich mit anderen Menschen und deren Körpern zu vergleichen. Wussten Sie eigentlich, dass die meisten Models die größten Probleme mit Ihrem eigenen Körper und Aussehen haben? Doch wenn sich die angeblich schönsten Menschen selbst nicht so richtig gefallen, warum wollen Sie sich dann mit ihnen vergleichen? Den idealen und schönsten Körper gibt es nicht – was ideal und schön ist, liegt immer im Auge des Betrachters.

Mit Matrix Inform werden Sie sich Ihrer selbst bewusst

Wenn Sie die Übungen vor dem Spiegel konsequent durchführen, werden Sie sich Ihrer selbst bewusst. Der Begriff »Selbstbewusstsein« wird oft falsch benutzt, denn häufig werden Menschen, die sich souverän in der Öffentlichkeit bewegen, als selbstbewusst bezeichnet. Doch das hat mit Selbstbewusstsein in der Regel wenig zu tun. Meist ist es nur eine Maske und ein antrainiertes Verhalten. Richtiges Selbstbewusstsein beinhaltet die Selbstliebe, Selbstachtung, Selbstkenntnis und die Akzeptanz aller individueller Facetten und Eigenarten.

Durch das Schauen auf sich selbst und das zunehmende Selbstbewusstsein bringen Sie in Ihrem Energiekleid die angelegten Informationen ins Schwingen, Sie nähren also Ihr persönliches morphisches Feld. Da Sie mit Ihrem Bewusstsein in Ihrem morphischen Feld sind, machen Sie daraus ein morphogenetisches Feld, ein akti-

Der Blickwinkel des Betrachters entscheidet über schön und hässlich.

ves Feld, das etwas hervorbringt. Genauer gesagt, bringen Sie Ihre angelegten Schwingungen hervor und strahlen diese verstärkt in Ihr Umfeld. Dazu gehören auch die Informationen Ihres Lebensplans. Durch die bewusste Wahrnehmung des eigenen Körpers und der damit verbundenen Emotionen wird auch der Lebensplan aktiviert; dieser beginnt, nach außen zu strahlen, und Sie erhöhen automatisch die Anziehung auf alles, was Ihnen zur Erfüllung des Lebensplans dient.

Umgang mit anderen Menschen

Kein Mensch ist nutzlos – und wenn er nur als schlechtes Beispiel dient.

Jedes morphische und morphogenetische Feld ist polarisiert – Ihr persönliches morphisches Feld ebenso wie das Feld Ihrer nahestehenden Verwandten oder aller Ihnen unbekannten Menschen.

Ein Mensch hat ein Feld, jede Familie hat ein Feld, die Menschen im selben Dorf oder Stadtteil haben ein Feld, jede Menschengruppierung hat ein Feld, jede Region, jeder Verein, jede Bevölkerungsschicht, jede Rasse hat ein eigenes, gemeinsames Feld, und all diese Felder sind polarisiert. Das Kollektiv Mensch hat ebenfalls ein gesamtes, gemeinsames, morphisches Feld, das polarisiert ist. Es befinden sich alle Extreme darin. Es geht also nicht darum, das vermeintlich Schlechte zu bekämpfen; es geht darum, es anzunehmen und zu transformieren.

Nehmen wir als Beispiel einmal eine Sportmannschaft mit ihrem eigenen morphischen Feld, so befinden sich beide Pole unter den Spielern. Entfernt man nun den vermeintlich negativen Teil der Mannschaft, so bildet sich unter den verbleibenden Spielern eine neue Polarisierung. Integriert man jedoch beide Pole und akzeptiert einen jeden Einzelnen, könnten sich ungeahnte Erfolge einstellen. Die Ausgrenzung ist das Problem, nicht die Integration.

Toleranz üben

Je nach den eigenen Wahrnehmungsfiltern und Konditionierungen bewerten Sie – ebenso wie alle anderen – Ihre Mitmenschen. Doch wer bestimmt, ob dieses oder jenes Verhalten richtig oder falsch ist? Aus der subjektiven Sicht ist immer das eigene Verhalten das richtige – denn wären wir der Meinung, der andere hat recht, dann müssten wir logischerweise unser Verhalten ändern.

Der Vorteil einer Polarisierung liegt darin, dass wir Unterschiede erkennen und entsprechend unser eigenes Verhalten auch überprüfen können. Denn jeder kann ein Lehrer sein, indem er sein Leben lebt und mit gutem Beispiel wirkt und handelt.

Es geht also darum, den anderen so zu lassen, wie er ist. Ihn mit all seinen Ecken und Kanten anzunehmen und stehen zu lassen. Wenn kein harmonisches Miteinander möglich ist, dann hilft in vielen Fällen nur eine emotionale Entflechtung zu dieser Person: Man muss sich trennen und eigene Wege gehen.

Tolerant sein bedeutet allerdings nicht, die Intoleranz anderer zu tolerieren!

Im Kapitel »Leben in der dritten Dimension – Wahrnehmung der Umwelt« (siehe S. 61ff.) haben Sie erfahren, wie durch die Schwingungen aus der Umwelt in Ihrem Kopf Ihre Realität entsteht. Gedanken sind Schwingungen, Gefühle sind Schwingungen, Worte sind Schwingungen. Alles entsteht in Ihrem Kopf und wird durch Ihren Kopf dekodiert und zugeordnet. Wenn Sie nun über andere Menschen sprechen, gut oder schlecht, so ist das ungefähr so, als ob Sie Selbstgespräche führten. Ihr Unterbewusstsein geht davon aus, dass Sie von sich selbst sprechen oder über sich selbst nachdenken.

Denken oder sprechen Sie also schlecht über andere, dann denken oder sprechen Sie auch schlecht über sich selbst.

Erfolgreiche Kommunikation

Versetzen Sie sich einmal in Ihre Sturm-und-Drang-Zeit zurück, in die Zeit der Eroberungen des anderen Geschlechts. Was haben Sie nicht alles unternommen, um wahrgenommen zu werden und um zu gefallen. Alle Register haben Sie gezogen, nichts blieb unversucht, bis sich der Erfolg einstellte. Sie haben an Ihrem Äußeren gefeilt, die Worte überlegt, strategische Überlegungen für die beste Vorgehensweise entworfen, sich ins rechte Licht gerückt, Ihre Vorzüge dargeboten – kurz: Sie haben gebalzt, was das Zeug hält.

Miteinander sprechen ist ein Privileg der Menschheit.

Um den anderen für sich zu gewinnen, haben Sie alle Kommunikationskanäle eingesetzt. Übersetzt heißt das: alle Sinne des Gegenübers angeregt. Sie wollten visuell durch Ihr Äußeres gefallen, die gewählten Worte sollten den auditiven Kanal anregen, durch sanfte Berührungen öffneten Sie den kinästhetischen Kanal, Sie setzten aromatische Düfte in Form von Parfüm, Deo oder Rasierwasser ein, um den olfaktorischen Sinn zu erreichen, und mit Einladungen zum Essen wollten Sie den anderen auf den Geschmack bringen. Das waren noch Zeiten! Interessanterweise haben die meisten dies ohne besonderes Wissen gemacht. Sie sind einfach nur ihrem eigenen Instinkt gefolgt.

Letztlich haben Sie verbal und nonverbal kommuniziert, also durch Worte und Sprache ebenso wie durch Gestik, Mimik, Handlung und Ausstrahlung. Sie haben auf eine komplexe Art und Weise Schwingungen produziert und diese ausgesendet, um das andere Geschlecht zu erreichen.

Alle Kanäle nutzen

Viele Kinder verstehen es auch, auf diese Weise Ihre Eltern um den Finger zu wickeln. Und wenn Sie ehrlich sind, wenden Sie selbst auch instinktiv alle möglichen Strategien an, wenn Sie etwas von Ihren Mitmenschen wollen. Es ist in uns allen angelegt, automatisch und unbewusst auf allen Wegen zu kommunizieren, um das jeweilige Ziel zu erreichen.

Erfolgreiche Verkäufer lernen, die Kommunikationskanäle gezielt zu nutzen, um ihre Kunden zu erreichen. Dem einen erzählen sie etwas, bei einem anderen zeigen sie etwas, und der dritte Kunde will es lieber anfassen, berühren, ertasten. Auch beim Vermitteln von neuem Lehrstoff oder Wissen spielen die Kommunikationskanäle eine wichtige Rolle. Ein guter Lehrer und Pädagoge wird daher immer möglichst alle Kanäle ansprechen, um ein gutes Lernergebnis bei seinen Schülern zu erzielen.

Um in allen Lebensbereichen erfolgreich zu kommunizieren, müssen Sie nur das tun, was in Ihnen auf natürliche Art angelegt ist.

Hinsichtlich des Lebens des eigenen Lebensplans spielt der Umgang mit anderen Menschen eine sehr große Rolle. Gerade hier werden die schlimmsten Fehler gemacht und extrem viele emotionale Verdichtungen geschaffen. Sie gehen bewusst und unbewusst Bindungen ein und verdichten damit Ihr Energiekleid. Daraus resultiert dann wieder, dass Sie durch die in Ihnen angelegten Verdichtungen auch immer wieder damit in Resonanz kommen oder in Resonanz gebracht werden können. Ein ewiger Kreislauf, der so lange wirkt, bis Sie alle Verdichtungen nachhaltig transformiert haben.

Nicht kritisiert ist Lob genug

Sowohl in Familien als auch in der Geschäftswelt wird viel zu wenig gelobt. Wenn 95 Prozent der Dinge sehr gut laufen und keinerlei

Probleme machen, dann finden die meiste Kritik und der größte Ärger bei den verbleibenden fünf Prozent statt. Kein Mensch ist hundertprozentig fehlerfrei; wenn Sie erwarten, dass andere für Ihre Fehler Verständnis haben, so sollten Sie auch für die Fehler der anderen ausreichend Verständnis aufbringen. Wenn Sie es dann noch schaffen, Aufmerksamkeit und Lob für die erbrachten Arbeiten und Leistungen zu zollen, dann steht einem harmonischen Miteinander nichts mehr im Wege.

Vor Jahren war ich einmal mit einem guten Kunden bei einem Geschäftsessen, und er erzählte mir eine Geschichte, die ihm passiert war. Zusammen mit seiner Frau, seinem Sohn – damals 13 Jahre – und seiner Tochter – damals 9 – ging er in ein Restaurant, um seine Beförderung bei einem guten Essen zu feiern. Die Getränke waren schon da, und durch eine ungeschickte Bewegung warf er sein Glas Bier um. Eine Schreckminute lang war alles still, dann sagte sein Sohn: »Wenn ich das jetzt gewesen wäre!«

Mit Lob und Anerkennung gewinnt man Zuneigung und Vertrauen.

Überlegen Sie einmal, wer motivierter ist: derjenige, der für seine Arbeit Prügel, Kritik und Desinteresse bekommt, oder derjenige, dem man Lob, Anerkennung und Wertschätzung entgegenbringt?

Praktische Klärung emotionaler Beziehungen

Viele Beziehungen und Bindungen belasten nachhaltig emotional. Dazu gehören alle zwischenmenschlichen Verhaltensweisen und der Umgang miteinander, z. B. Unverständnis bis Wut für ein an den Tag gelegtes Verhalten, mangelnde Zuwendung bis totales Ausnutzen, Missachtung bis Vertrauensmissbrauch, körperliche und seelische Misshandlungen, Fremdbestimmung bis Manipulation und dergleichen mehr. In den meisten Fällen lassen sich die geschlagenen und noch nicht verheilten seelischen Wunden vom Verstand nicht mehr nachvollziehen – und doch wirken sie sich mit unterschwelliger und unkontrollierbarer Kraft hemmend oder sogar blockierend auf die Beziehung und andere Bereiche des Lebens aus.

Wenn es Verbindungen aus vergangenen Leben sind, mit denen in diesem Leben einiges geklärt werden sollte, dann ist es wenig sinnvoll, diese Beziehung einfach zu ignorieren oder zu unterbrechen. Sie müssen immer daran denken, dass Sie und die andere Seele sich in Ihrem Lebensplan vorgenommen haben, diese emotionale Verbindung zum Wohle aller zu lösen.

Ich durfte einige Techniken kennenlernen, bei denen die Absichten »verzeihen« und »Liebe senden« das Problem lösen sollten. Im Prinzip ist das schon richtig, doch in sehr vielen Fällen findet bei dieser Vorgehensweise lediglich eine Transformation im mentalen Körper statt. Schwingungen im emotionalen Körper werden selten erreicht, sodass die Belastungen immer noch mitschwingen.

Den emotionalen Körper zu klären ist eine der wichtigsten Aufgaben in diesem Leben.

Entflechten von Verstrickungen

Um eine emotional belastete zwischenmenschliche Beziehung in eine unbelastete umzuwandeln, steht der Befehl »entflechten« zur Verfügung. Stellen Sie sich einmal ein Wollknäuel vor, das zwischen zwei Menschen hin und her geworfen wird. Während des Werfens bilden sich immer mehr Überschneidungspunkte zwischen den Wollfäden. So etwa ist es auch mit emotionalen Verbindungen. Sie sind oft durch Streit, Missverständnisse, Probleme, gemeinsame Erlebnisse und dergleichen mehr belastet. Mit dem Befehl »entflechten« erreichen Sie eine emotionale Klärung durch Transformation aller belastender Emotionen, ohne die Beziehung beenden zu müssen. Es entsteht eine klare und unbelastete Verbindung.

Um Ihr Energiekleid von emotionalen Belastungen durch alle in Ihrem Umfeld befindliche Menschen zu entflechten, sollten Sie folgendermaßen vorgehen: Gehen Sie immer von sich aus; die andere Person muss nichts davon wissen oder anwesend sein. Sie beginnen bei sich und klären von Ihrem Energiekleid ausgehend die emotionale Bindung.

Beginnen Sie mit Ihrem direkten Umfeld:

- Eltern, Kinder, Geschwister
- Aktuelle oder frühere Lebenspartner
- Freunde
- Geschäftspartner und Kunden
- Arbeitskollegen, Mitarbeiter, Angestellte

Entflechtungen können Sie auch mit bereits verstorbenen Seelen durchführen oder auch mit Institutionen wie z. B. Krankenhäusern, Schulen, Autowerkstätten, Versicherungen etc.

So führen Sie eine Entflechtung durch

Zunächst müssen Sie dafür eine Absicht formulieren, beispielsweise: »Entflechtung zwischen mir und Mama«.

- Wählen Sie den ersten Punkt durch Handauflegen aus.
- Scannen Sie mit der anderen Hand Ihren Körper, um den zweiten Punkt zu erfühlen.
- Stellen Sie zwischen beiden Händen eine gefühlte Verbindung her.
- Denken oder sprechen Sie den Befehl »entflechten« laut aus.
- Lassen Sie eine Gedankenlücke entstehen, indem Sie mental loslassen.
- Lösen Sie die Hände vom Körper und warten Sie die Reaktionen ab.

Wie bei jeder Matrix-Inform-Anwendung kann es auch hier zu extremen Reaktionen, z. B. auch zum Umfallen kommen. Führen Sie die Anwendung nur in einer sicheren Umgebung durch.

Je näher Ihnen der Mensch steht – auch wenn es sich dabei um keine gute Verbindung handelt –, desto intensiver kann eine Reaktion erfolgen. Beginnen Sie mit den Menschen, mit denen wissentlich emotionale Belastungen bestehen.

Wenn Sie sich innerlich über einen Menschen oder eine Institution aufregen oder allein schon der Gedanke daran bei Ihnen Unwohlsein auslöst, bestehen emotionale Bindungen, die Sie behindern oder sogar blockieren. Sie sind durch diese energetischen Verflechtungen in Ihrer Entwicklung beeinträchtigt. Doch warum einen Nachteil in Kauf nehmen, wenn er so leicht zu beheben ist?

Versprechen, Schwüre, Eide

Über viele Leben hinweg wirkende Programmierungen können gemachte Versprechen sowie geleistete Schwüre und Eide sein. Sie beeinflussen mitunter die ganze Entwicklung und Entfaltung und verhindern das Leben des Lebensplans – vor allem dann, wenn sie in emotional geladenen Lebenssituationen gemacht werden, z. B. am Sterbebett eines geliebten Menschen oder in lebensgefährlichen Situationen wie etwa im Krieg. Dann prägen sich die energetischen Programmierungen besonders nachhaltig ein.

Wenn es ein Leben nach dem Tod gibt, dann muss es auch ein Leben davor gegeben haben.

Das geleistete Eheversprechen etwa – »in guten wie in schlechten Zeiten, bis dass der Tod uns scheidet« – kann sich auch über den Tod hinaus als Bindung auswirken. Dasselbe gilt für Versprechen ohne zeitliche Begrenzung, etwa: »Ich werde immer für dich da sein« oder »Ich werde dich nie verlassen«.

Dies hängt schon mit dem Begriff »Tod« zusammen. Wenn Sie, wie in diesem Modell beschrieben, an eine Wiedergeburt glauben, was bezeichnen Sie dann als Tod? Das Lösen vom physischen Körper? Dieser vergeht zwar nach dem Abziehen der Seele, doch Letztere bleibt bestehen. Sie können also gar nicht von Tod sprechen, denn der wäre erst erreicht, wenn auch die Seele oder Ihr Bewusstsein gestorben ist. Das bedeutet wiederum, dass das geleistete Eheversprechen über den physischen Tod hinaus in alle folgenden Inkarnationen wirkt.

Um der Weiterentwicklung willen

Denken Sie daran, dass Sie an gegebene Versprechen, Schwüre und Eide möglicherweise über mehrere Leben hinweg gebunden sind.

Wenn Sie mit vollem Bewusstsein Versprechen gegeben, Schwüre abgelegt und Eide geleistet haben, dann haben diese oftmals sehr nachhaltigen Einfluss auf spätere Leben. Sind sie nur mit dem Verstand ohne emotionale Beteiligung ausgesprochen oder niedergeschrieben, dann lösen sie sich mit dem physischen Ableben und dem Auflösen des mentalen Körpers ebenfalls auf. Doch sobald die Schwüre und Eide auch in den Seelenspeicher, Ihren emotionalen Körper einprogrammiert sind, haben sie so lange Wirkung, bis sie transformiert, gelöscht oder neutralisiert werden.

In unserer Gesellschaft spricht man Versprechen, Schwüren und Eiden eine große Bedeutung zu. Vor Gericht werden Zeugen unter Eid gestellt und bei einem nachgewiesenen Meineid bestraft. Wer sich als Soldat verpflichtet, leistet einen Eid auf die Fahne und das Vaterland. Schon kleinen Kindern bringt man bei, dass ein Versprechen nicht gebrochen werden darf.

Ein wichtiger Schritt zur Klärung und Entbindung des emotionalen Körpers sollte es demnach sein, alle Versprechen, Schwüre und Eide aus allen früheren und dem aktuellen Leben zu neutralisieren, um ihrem Einfluss nicht mehr zu unterliegen. Dies kann eine Aufgabe im Rahmen Ihres Lebensplans sein, um Ihre Weiterentwicklung zu fördern, aber auch ein notwendiger Schritt, um den aktuellen Lebensplan leichter umzusetzen.

Selbst wenn Sie keine wissentlichen Erinnerungen daran haben, sollten Sie mit den entsprechenden Absichten vorbeugend Matrix-Inform-Anwendungen durchführen.

Vom Single zur Beziehung

Dass Sie einiges über andere Seelen und Beziehungen in Ihrem Lebensplan stehen haben, sollte mittlerweile außer Frage stehen. Doch es gibt auch umfangreiche Möglichkeiten, neue Verbindungen aufzubauen und in Ihr Leben zu integrieren.

Wenn es Ihr Wunsch ist, eine Lebensgemeinschaft in eheähnlicher Form zu führen, stehen die Chancen gut, dies auch zu erreichen. Beginnen Sie damit, Ihre Meinung und Ansichten zu festen Beziehungen zu überdenken, und beobachten Sie die aufsteigenden Gefühle.

▸ Kommen Ängste auf, wenn Sie auch nur daran denken, jemanden anzusprechen?

▸ Wie denken Sie im Allgemeinen über feste Beziehungen?

▸ Wie war es in Ihrer Kindheit? Wie haben Sie die Beziehung Ihrer Eltern erlebt?

Jede Emotion ist nur verdichtete Schwingung und kann transformiert werden.

▸ Welche Erfahrungen haben Sie in vergangenen eigenen Beziehungen gemacht?

▸ Haben Sie Angst, verletzt, verlassen oder ausgenutzt zu werden?

▸ Wie sind die Beziehungen Ihrer Geschwister (sofern Sie welche haben), Ihrer Freunde und anderer Personen aus Ihrem Umfeld?

▸ Besteht Ihr Freundeskreis eher aus Singles oder aus Paaren?

▸ Sind Sie lieber allein oder in Gesellschaft?

Es wirkt das Gesetz der Resonanz. Ihr Umfeld bringt zum einen viele Schwingungen in Ihr Energiekleid, und andererseits ziehen Sie nur das an, was Sie bereits in Ihrem Energiekleid angelegt haben.

▸ Transformieren Sie zuerst alle Ihre emotionalen Verstrickungen ehemaliger Beziehungen durch konsequentes Entflechten.

▸ Sehen Sie sich harmonische Beziehungen, Paare und Familien an.

▸ Transformieren Sie Ihre aufkommenden und bestehenden hinderlichen und blockierenden Glaubenssätze und Überzeugungen in Bezug auf Beziehungen.

▸ Erschaffen Sie sich positive Bilder und Gefühle.

▸ Denken und sprechen Sie nur wertschätzend und anerkennend über andere.

▸ Versuchen Sie nicht, sich einen idealen Menschen ohne Mängel und Fehler zu erschaffen, denn diesen gibt es nicht.

Der größte Fehler, den Sie begehen können, ist, nicht zu kommunizieren. Sprechen Sie die Person darauf an, mit der Sie zusammen sein möchten, denn woher soll sie sonst wissen, dass Sie Interesse an ihr haben? Lieber einmal einen Korb bekommen, als unerfüllte Träume zu leben. Bedenken Sie immer, dass ganz viele Menschen die gleichen Probleme in Bezug auf Partnerschaften haben. Irgendjemand muss den ersten Schritt machen!

Wie heißt es im Volksmund so schön? Zeige mir, wer deine Freunde sind, und ich sage dir, wer du bist. Gleiches zieht Gleiches an, das ist ein universelles Gesetz.

Bestehende Beziehungen wieder mit Leben füllen

Die Herausforderungen des Alltags lassen viele Beziehungen einschlafen, und der gegenseitige Reiz geht verloren. Wenn Ihnen etwas an Ihrem Partner oder Ihrer Partnerin liegt, sollten Sie wieder anfangen, ihm oder ihr Aufmerksamkeit zu schenken. Reaktivieren Sie die etwas »verstopften« Kommunikationskanäle: Balzen Sie mal wieder und zeigen Sie Ihr Interesse!

Das ist ganz einfach: Schauen Sie Ihren Partner bewusst an, reden Sie miteinander und hören Sie auch aufmerksam zu. Berührungen und körperlicher Kontakt dürfen ohne Weiteres auch einmal ohne Sex stattfinden. Und vor allem: Bringen Sie Ihrem Partner Achtung, Anerkennung und Wertschätzung entgegen.

Keine Beziehung erhält sich von allein aufrecht. Im Geschäftsleben pflegen Sie doch auch Ihre Kunden, warum also nicht die Lieben zu Hause? Früher sagte man: Eine gute Ehe ist jahrzehntelange harte Arbeit. Doch ich kann Ihnen aus eigener Erfahrung versichern: Die »harte Arbeit« lohnt sich auf alle Fälle! Sie sollten nur immer daran denken, dass nur Sie sich verändern können, Ihr Partner muss das schon selbst tun.

Den Satz zu Beginn des Kapitels – »Ich liebe und achte mich so, wie ich bin« – dürfen Sie etwas abgewandelt auch in Ihrer Beziehung einsetzen. Schauen Sie Ihrem Partner in die Augen und sagen Sie laut dreimal: »Ich liebe und achte dich so, wie du bist.« Lassen Sie anschließend eine »Welle« laufen, indem Sie die Zwei-Punkt-Methode anwenden und dabei kurzzeitig mental loslassen.

Jeder hat seinen eigenen Lebensplan

Beginnen Sie die Veränderung bei sich – und Sie ziehen nur noch die Menschen in Ihr Leben, von denen Sie lernen und gegenseitig profitieren können. Der größte Fehler, den Sie machen können, ist, sich selbst zu vernachlässigen. Schenken Sie sich und Ihren Gefühlen mehr Aufmerksamkeit.

▸ Lassen Sie die Menschen, wie sie sind – Sie können sie schlicht nicht ändern.

▸ Beurteilen und bewerten Sie Ihre Mitmenschen nicht mehr nur nach Ihren persönlichen Kriterien.

Loben Sie einmal das gekochte Essen, die aufgeräumte Wohnung, das Rückmelden, wenn es mal später wird, die Zuverlässigkeit, das Organisationstalent, die täglichen Leistungen und vieles mehr.

- Wenn Sie sich über andere aufregen, sollten Sie dies als Chance begreifen, an sich selbst zu arbeiten. Die Emotionen sind wie ein Spiegel: Sie tragen Vergleichbares in Ihrem Energiekleid.
- Bringen Sie allen Menschen Wertschätzung und Liebe entgegen.
- Entflechten Sie sich emotional und klären Sie dadurch Ihre emotionalen Bindungen.
- Geben Sie den Menschen oder Gruppen, die nicht (mehr) in Ihr Weltbild passen, keine Energie mehr.
- Lenken Sie Ihre Aufmerksamkeit auf die Menschen, die Sie gern in Ihrem direkten Umfeld haben wollen.

Alles ist in Ihrem Kopf – und dort beginnt die Veränderung.

- Nutzen Sie für Ihre Kommunikation alle Ihre natürlichen Kommunikationsmöglichkeiten.
- Loben Sie immer wieder einmal.

Denken Sie immer daran: Hinter allem und jedem stehen Menschen mit einem eigenen Lebensplan. Mit einigen dieser Menschen haben Sie etwas zu klären, mit anderen wollen Sie Gemeinsamkeiten leben. Transformieren Sie immer dann, wenn Ihnen etwas in Bezug auf andere Menschen auffällt, mit einer entsprechenden Matrix-Inform-Bewusstseinswelle und dem Einsatz der Zwei-Punkt-Methode. Lösen Sie immer mehr der angesammelten energetischen Verdichtungen und bringen Sie Klarheit in Ihr Leben. So wie Sie es sich heute erschaffen, so werden Sie es morgen erleben! Wann immer es auch sein wird.

Geld als Energie
Vermögen anziehen

Alles ist Energie und alles schwingt – diese sich immer wiederholende Aussage möchte ich im folgenden Kapitel auf unser Zahlungsmittel – Geld – anwenden. Exemplarisch zeige ich Ihnen, wie Sie das Gesetz der Resonanz wirkungsvoll umsetzen, um sich mit dem morphischen Feld des Geldes zu verbinden und die Informationen des morphischen Feldes für sich ins Schwingen zu bringen. In der Folge kommen Sie in den Genuss der Anziehung von Geld.

Geld gehört in unserer Gesellschaft ebenso zum Leben wie Essen und Trinken. Kein Mensch würde auf die Idee kommen, auf Essen und Trinken zu verzichten.

Neutrale Einstellung

Über Geld wird im Allgemeinen sehr konträr gesprochen. Darf man sich, wenn man mit hohen lichtvollen Energien arbeitet, überhaupt dem Materiellen, also Geld, zuwenden? Schädigt dies nicht die eigene Entwicklung, gefährdet dies nicht den Aufstieg in höhere Dimensionen? Darauf kann man antworten: Jeder muss essen und wohnen, jeder braucht Kleidung und hat gewisse Verpflichtungen. In unserer Gesellschaft geht es nun einmal nicht ohne ein Zahlungsmittel. Allerdings ist es auch wichtig, wie stark die Entwicklung durch die Gedanken und Gefühle zu einem Thema beeinflusst wird. Selbst wenn Sie Geld als nicht allzu wichtig erachten, sollten Sie es auch nicht innerlich ablehnen. Bleiben Sie neutral.

Tagtäglich fließen virtuelle und für »Normalbürger« kaum vorstellbare Geldströme rund um den Erdball. Würde man das derzeit kursierende Geld auf alle Menschen verteilen, so bekäme jeder der fast 7 Milliarden Menschen, die zurzeit auf der Erde leben, Geld im Wert von mindestens 1 Million Euro ausbezahlt. Geld ist also keine Mangelware. Der Zugang zu Geld und die Verteilung des Geldes sind das Thema. Es heißt, 90 Prozent der vorhandenen Geldmenge befindet sich im Besitz von zehn Prozent der Menschen.

Geld ist wie ein scheues Tier: Wenn man zu schnell darauf zugeht, erschrickt es und läuft weg.

»Geld regiert die Welt«

Mit diesem Satz werden Machtstrukturen erklärt und gerechtfertigt. Oftmals geht es also gar nicht ums Geld, sondern um Macht und um das Ego.

Mir wiederum geht es in diesem Buch nicht darum, die Welt in Bezug auf Geld zu verändern, bestehende Machtverhältnisse umzustrukturieren, kommunistisch eine Umverteilung einzuleiten oder das Geld als die Wurzel allen Übels anzuprangern. Aus meiner Sicht ist Geld nur Energie, und das damit verbundene morphische Feld birgt sowohl einen positiven als auch einen negativen Pol.

Ich möchte Ihnen einen Weg aufzeigen, wie es mit Matrix Inform möglich ist, Geld in Ihr Leben zu bringen, ohne es anderen wegnehmen zu müssen; kraft des Gesetzes der Anziehung ziehen Sie das Geld in Ihr Leben.

Geld wird seit Jahrhunderten eingesetzt, fast jeder Mensch hat damit Berührung. Durch Geld haben bislang sehr viele Menschen Leid erfahren, aber auch Gutes erlebt. Mit Geld sind alle Arten von Emotionen verbunden, und mit Geld wird auf allen Ebenen manipuliert. Wir können also davon ausgehen, dass das morphische Feld des Geldes ein sehr großes Energiefeld ist. Mit Matrix Inform können wir uns an dieses Energiefeld anschließen, um so die Energie des Geldes auch in unserem Energiefeld zum Schwingen zu bringen und es in der Folge anzuziehen.

Bei dieser Vorgehensweise geht es nicht darum, seine »Seele zu verkaufen« oder vielleicht Dinge zu tun, die sich später nachteilig auswirken könnten. Es geht darum zu verstehen, wie jeder in seinem Energiekleid bewusst oder unbewusst mit anderen Schwingungen in Resonanz geht – wie sich z. B. neue Schwingungen anlegen lassen, Blockaden transformiert werden oder bestehende Schwingungen in ihrer Ausstrahlung erhöht werden, um dadurch die Anziehung zu verstärken.

Vom Umgang mit Geld

In allen Kulturen gab und gibt es Symbole. Symbole sind Repräsentanten von Energiefeldern. Symbole wirken wie Antennen und geben uns die Möglichkeit, uns mit den dazugehörigen Energiefeldern zu verbinden. Übertragen wir das Wissen und die Kraft von Symbolen auf Geld, dann sind die Münzen und die Scheine die Symbole und wirken wie Antennen auf das morphische Feld des Geldes. Dagobert Duck, der Milliardär aus Entenhausen, verehrte seinen ersten verdienten Taler, beschützte ihn vor allen Gefahren und gab ihm einen besonderen Platz, an dem er ihn möglichst oft sehen konnte. Wie sieht es mit Ihrer Wertschätzung von Geld aus? Haben Sie z. B. eine gepflegte Geldbörse, in der Sie Ihr Bargeld aufbewahren? Oder ist es eher eine verschlissene, speckige und unansehnliche Schwarte mit vielen Zetteln, alten Quittungen und sonstigen Inhalten? Oder tragen Sie Ihr Bargeld lose in der Hosentasche, und die Scheine sind zerknittert?

Den Dingen, die man in seinem Leben haben möchte, muss man Wertschätzung entgegenbringen.

Wenn Sie über Geld sprechen, welche Begriffe verwenden Sie: Kohle, Eier, Mäuse, Schotter? Oder sprechen Sie schlicht von Geld? In dem Moment, in dem Sie andere Begriffe für Geld einsetzen, verbinden Sie sich mit anderen Energiefeldern. Wenn Sie also Geld anziehen möchten, dann müssen Sie auch von Geld sprechen. Wörter sind reine Energie, haben Kraft und wirken wie Programme. Zu jedem Wort gibt es ein eigenes morphisches Feld, und durch Aussprechen oder Aufschreiben bringen Sie die zugehörigen Energiefelder ins Schwingen.

Verwenden Sie beim Einkaufen möglichst oft Bargeld. Dadurch bauen Sie sowohl auf der Verstandes- als auch auf der Gefühlsebene eine gute Beziehung zu Geld auf, und es ist viel leichter, den Wert des Geldes zu erkennen. Das Bezahlen mit Kreditkarte distanziert vom Energiefeld des Geldes und lässt die Beziehung zu Geld schwinden. Nutzen Sie ab sofort die Kraft der Symbole von Münzen und Geldscheinen.

Bei allem, was Sie tun, sollten Sie sich immer bewusst sein, was das Ziel ist. Wenn Sie wenig Geld zur Verfügung haben und mehr davon in Ihr Leben ziehen möchten, sollten Sie die Energiegesetze kennen und entsprechend nutzen.

Wenn Sie von Zaster oder Penunzen sprechen, kann kein Geld angezogen werden.

Offene Rechnungen

Zu unserer Gesellschaft gehört Geld einfach dazu – auch Rechnungen. In der Regel erhalten Sie erst die Ware oder die Dienstleistung und dann die Rechnung. Im Zeitalter des Internet-Shoppens ist aus Sicherheitsgründen vom Lieferanten oft Vorauskasse gefordert – hier müssen Sie vorher bezahlen. Doch zum täglichen Geschäftsverkehr gehören überwiegend Rechnungen. Wenn Sie die Ware haben oder bereits im Genuss der erbrachten Leistung Ihres Rechnungs-

stellers sind, sollten Sie unabhängig eines Zahlungsziels auch sofort die Rechnung begleichen. Damit zollen Sie Ihrem Lieferanten
Respekt und Dankbarkeit und erkennen seine Leistung an, was wiederum auch ein Lob für die erbrachten Leistungen ist. Und glauben
Sie mir: Wenn Sie mit einem Lieferanten öfter zu tun haben und
rechtzeitig die erbrachten Leistungen bezahlen, steigt bei ihm die
Achtung und die Wertschätzung Ihnen gegenüber, und Sie werden
in der Regel schneller beliefert und mit mehr Respekt behandelt als
andere.

Versetzen Sie sich doch einmal in die Lage Ihres Lieferanten. Sie
haben eine Leistung erbracht oder Waren geliefert und sind dadurch in Vorleistung gegangen. Es würde sicherlich auch Sie freuen
und Ihre Stimmung heben, wenn Sie die Gegenleistung Ihres Kunden relativ zeitnah erhalten würden. Oder umgekehrt: Wie ist es,
wenn eine andere Person Ihnen etwas schuldet und Sie ohne Grund
warten lässt? Vielleicht müssen Sie sogar noch Mahnungen schi-
cken, um endlich Ihren Lohn, Ihr Geld für die erbrachte Leistung zu
erhalten.

Unbezahlte Rechnungen drücken in der Regel die Stimmung und
schweben wie ein Damoklesschwert über dem eigenen Energiefeld.
Bezahlte Rechnungen hingegen zeigen Wertschätzung und Dankbarkeit Ihrem Lieferanten gegenüber und heben Ihre Schwingung
im Energiefeld an.

Beim rechtzeitigen Bezahlen von Rechnungen entsteht auch eine innere Freiheit. Ihre Gedanken und Gefühle sind nicht mehr gebunden und können auf angenehmere Dinge gerichtet werden.

Geben und Nehmen

Ob es um offene Rechnungen von Lieferanten oder um einen energetischen Ausgleich geht: Geben und Nehmen sollten in Balance
sein. Doch oft überwiegt der eine Pol.

Sehen wir uns einmal den Pol des Gebens an. Es gibt Menschen, die nur geben können; beim Nehmen tun sie sich sehr schwer. Sie bringen sich bei jeder Gelegenheit mit vollem Einsatz ein und haben einen »Sprachfehler«: Sie können nicht Nein sagen. Dabei spielt es auch keine Rolle, wer sie um etwas bittet, ob es Familienmitglieder, Freunde, Nachbarn, Arbeitskollegen oder andere Menschen sind. Das kann so weit gehen, dass sie ungefragt ihre Leistungen ins Spiel bringen, ja diese sogar regelrecht aufzwingen.

Eine Gegenleistung lehnen sie in der Regel ab, denn sie empfinden es als eine menschliche Pflicht, sich und ihre Bedürfnisse hinten anzustellen. Ein Dankeschön wird mit den Worten: »Das habe ich doch gern gemacht« zurückgewiesen. Bei Geschenken als Gegenleistung gehen sie ebenfalls auf Ablehnung. Das kann so weit gehen, dass sie sich sogar beleidigt fühlen, wenn sich der Leistungsempfänger bedanken will.

Geben und Nehmen sollten immer im Ausgleich sein!

Doch jede erbrachte Leistung hat einen Gegenwert. Dies wiederum pflegen die gebenden Menschen ebenfalls sehr wichtig zu nehmen, denn erbringt jemand für sie eine Leistung, lassen sie es sich meist nicht nehmen, dies in irgendeiner Form zu honorieren. Lehnt der andere ab, nötigen sie ihn so lange, bis er nachgibt; gibt er nicht nach, sind sie wiederum beleidigt und gekränkt.

Immer in Balance

Die Menschen, für die Geben im Vordergrund steht, gehören meist zu dem Teil der Bevölkerung, der wenig besitzt. Da sie nicht nehmen können, spüren sie einen inneren Widerstand gegen alles, auch gegen Geld und Vermögen.

Unsere Atmung zeigt auf die einfachste Art und Weise, dass Geben und Nehmen im Ausgleich sein müssen. Probieren Sie einmal Folgendes: Atmen Sie aus, aus, aus, aus, aus – und zwar ohne zwischendurch einmal einzuatmen. Sie merken sehr schnell, dass dies nicht geht, denn ohne Einatmen – Nehmen – entsteht rasch ein Mangel an lebensnotwendigem Sauerstoff.

Übertragen Sie diese Erkenntnis nun auf alles, das mit Geben und Nehmen zu tun hat. Beim Energiehaushalt entsteht nicht so schnell ein deutlicher Mangel, da dauert es in der Regel etwas länger, doch im Endresultat läuft es auf das Gleiche hinaus. Wenn Sie nur Energie geben, ohne neu aufzutanken, dann verlieren Sie zunehmend an Lebenskraft.

Wer im Modus des Gebens lebt, kompensiert unbewusst in sich schlummernde Themen. Möglicherweise fehlt der Selbstwert, oder es soll auf diese Art Aufmerksamkeit und Anerkennung erworben werden. Letzteres wäre allerdings manipulativ oder berechnend. Ein weiteres Problem besteht darin, dass diese Menschen oft durch ihr Umfeld gelebt werden; sie sind fremdbestimmt und reagieren nur auf das, worum man sie bittet. Aus energetischer Sicht ein Verlust.

Der Gegenpol – nehmen

Es gibt Menschen, die einem den ganzen Arm abreißen, wenn man ihnen den kleinen Finger bietet. Sie achten immer und überall nur darauf, für ihre Leistungen mehr zu bekommen, als diese es wert sind. Sie erwarten immer mehr, als ihnen zusteht. Sie leihen sich gern alle möglichen Dinge aus, ohne sie wieder zurückzubringen. Freiwillig und kostenlos für jemanden etwas zu tun, kommt für sie nicht infrage. Befinden sie sich dann irgendwann einmal in der Situation, eine entgegengenommene Leistung mit einer Gegenleistung ausgleichen zu müssen, kommt es nicht selten vor, dass sie kurzfristig »verhindert« sind oder eine andere Ausrede finden.

Unsere Atmung zeigt auf die einfachste Art und Weise, dass Geben und Nehmen im Ausgleich sein müssen.

Wer im Modus des Nehmens lebt, kompensiert ebenso innere Themen, nur sind diese anders gelagert. Oft haben diese Menschen ein übersteigertes Ego und wollen die mangelnde Zuwendung und fehlende Liebe auf diesem Weg ausgleichen. Doch wer glaubt, dass solche Menschen erfolgreicher sind und mehr Geld haben, täuscht sich. Denn nur Nehmen stellt ebenso einen energetischen Widerstand zu Geld und Vermögen dar wie immer nur Geben.

Unterm Strich muss der Ausgleich stimmen. Sie geben viel und bekommen mehr vom Leben zurück – vorausgesetzt, Sie können nehmen.

Geben und Nehmen finden auf mehreren Ebenen statt

Oft werden Geben und Nehmen nur auf einer Ebene gesehen. So geben Sie z. B. einer Person etwas und glauben, diese Person müsste den Ausgleich wieder herstellen. Im Prinzip ist das nicht falsch, aber es ist nur eine Art des Ausgleichs. Der Ausgleich muss auch nicht in gleicher Währung zurückgezahlt werden. Erbrachte Leistungen können z. B. durch Liebe, Dankbarkeit, Wertschätzung und Anerkennung honoriert werden.

Viele erfolgreiche Menschen im öffentlichen Leben kennen das Gesetz des Gebens und Nehmens und beteiligen sich am sozialen Leben, indem sie Hilfsorganisationen unterstützen, Stiftungen gründen, Wohltätigkeitsveranstaltungen organisieren oder spenden. Auf diese Weise geben sie einen Teil dessen, was sie bekommen haben, an die Gesellschaft zurück.

Nun könnte man provokativ äußern, dass diese Menschen das nur tun, um in der Öffentlichkeit genannt zu werden oder gut dazustehen; doch selbst wenn dies der einzige Grund wäre, so fließen doch die Energien in beide Richtungen, und es findet ein Geben und Nehmen statt.

Das Gesetz des geringsten Widerstands

Geld ist Energie und muss fließen. Aus diesem Grund gibt es einen Geldzufluss und einen Geldabfluss. Bei sehr vielen Menschen klappt es sehr gut mit dem Geldabfluss. Das Geld fließt viel schneller weg, als es wieder reinkommt – und es wäre doch so schön, wenn es umgekehrt wäre!

Viele Menschen sind in ihrem Glauben und in ihren Vorstellungen begrenzt und sehen keine Möglichkeit, den Geldzufluss ohne großen Aufwand und ohne zusätzliche Leistungen zu erhöhen. Dass einfache Verhaltensänderungen bereits den Geldzufluss erhöhen und den Geldabfluss verringern können, ist für sie undenkbar. Sollten Sie zu diesen Menschen gehören, wirken begrenzende Glaubenssätze in Ihnen. Es liegt an Ihnen, dies zu ändern und die Glaubenssätze zu transformieren – niemand anders als Sie selbst kann dies für Sie tun.

Wieder andere schuften und ackern und kommen trotzdem auf keinen grünen Zweig. Sie nehmen jede Gelegenheit wahr, um durch körperliche Arbeit etwas mehr Geld zur Verfügung zu haben. Doch das geht auch nur eine begrenzte Zeit gut, denn sobald die körperlichen Kräfte nachlassen, gibt es wieder weniger Geld. Mit der Folge, dass Krankheit und Alter automatisch zu Armut führen können.

Geldabfluss und Geldzufluss müssen in einem harmonischen Verhältnis zueinander stehen.

Fülle und Mangel

Dann doch lieber auf Pump das Leben in vollen Zügen genießen. Jetzt bestellen und erst in sechs Monaten bezahlen. Wann waren Sie das letzte Mal im Urlaub? Warum nicht einen kleinen Kredit aufnehmen und gleich morgen den nächsten Urlaub antreten? Es gibt tolle Angebote für tolle Autos, die Sie in Raten abbezahlen können! Und warum sollten Sie Miete bezahlen, wenn Sie für etwas mehr im Monat doch ein Eigenheim finanzieren können? Leben auf Pump ist angesagt. Doch wer die Gesetze des Universums kennt, der weiß, dass dies so nicht lange geht, denn die Aufmerksamkeit liegt auf dem falschen Pol des Energiefelds. Mit der Vorgehensweise, alles auf Pump und Raten zu kaufen, um es schneller nutzen zu können, liegt die Aufmerksamkeit auf Mangel und nicht auf Fülle. Vordergründig mag das paradox klingen: Ich habe doch viel und nutze es in vollen Zügen, ich lebe also die Fülle, könnten Sie einwenden. Wieso ist dann meine Energie auf dem Pol des Mangels?

Auf dem Pol des Feldes, auf den Sie schauen, liegt Ihre Energie, dort findet Wachstum statt.

Die Antwort darauf lautet: Jedes Mal, wenn Sie einen Wunsch haben, aber nicht die erforderlichen Geldmittel, sich diesen Wunsch zu erfüllen, entsteht ein Mangel. Diesen Mangel wollen Sie durch Konsum ohne die erforderlichen Geldmittel ausgleichen. Wenn Sie in der Folge die Dinge, die Sie auf Kredit gekauft haben, nutzen, müssen Sie den Mangel durch Ratenzahlung wieder ausgleichen – und so lange Sie den Kredit bezahlen, ist Ihre Energie beim Mangel. Sie erfahren dadurch ständig, dass Sie zu wenig haben. Hinzu kommt noch: Ist ein Wunsch erfüllt, steigen neue Wünsche auf, das liegt in der Natur des Menschen. Doch wenn Sie bereits bis zur Grenze des monatlichen Einkommens mit Ratenzahlungen belastet sind, können neue Wünsche ebenfalls nicht erfüllt werden, und die Unzufriedenheit steigt.

Widerstände beseitigen

Um in den Genuss der Fülle zu kommen und aus der Fülle zu leben, muss die eingesetzte Energie auch auf Fülle ausgerichtet sein. Es wäre besser, erst das Geld zu haben und es dann auszugeben. Und wie es geht, dass jemand mit einem kleinen Einkommen in den Genuss eines höheren Geldzuflusses kommt, will ich Ihnen nun Schritt für Schritt zeigen.

Zunächst müssen Sie sich Folgendes klar machen: Geld haben hat etwas mit Vermögen zu tun. Das Wort »Vermögen« ist einerseits ein Ausdruck für Fähigkeiten und Können, andererseits steckt darin auch das Wort »mögen«. Um zu Vermögen zu kommen, sollte man demnach einerseits etwas können und sollte es andererseits auch mögen. Sie sollten sich mit der Energie des Geldes verbinden können; diese Fähigkeit ist erlernbar und im Folgenden beschrieben. Gleichzeitig müssen Sie Geld auch mögen, denn wer Geld, aus welchem Grund auch immer, ablehnt, wird keins bekommen oder wieder verlieren. Um zu Geld zu kommen, müssen Sie die Widerstände gegen Geld abbauen. Geld an sich ist nichts Schlechtes; entscheidend ist, was Sie damit machen.

Da die Energie des Geldes immer den Weg des geringsten Widerstands geht, ist es wichtig zu wissen, welche Widerstände verhindern, dass das Geld zu Ihnen fließt. Es gilt also zu erkennen, was den Geldzufluss beeinträchtigt und blockiert.

Einschränkende Energien als Programme sind sehr vielschichtig; sie werden meist unbewusst aktiviert.

Geld und Resonanz

Sie können nur etwas in Ihrem Energiekleid ins Schwingen bringen, wenn es bereits angelegt ist. In unserer Gesellschaft können wir davon ausgehen, dass in jedem individuellen Energiekleid – von kleinen Kindern einmal abgesehen – die Energie Geld bereits angelegt ist. Was dann wiederum bedeutet, dass die angelegten Schwingungen zum Schwingen angeregt werden können. Nun taucht allerdings eine Frage auf: Was genau wird im Zusammenhang mit Geld in Resonanz gebracht? Die Antwort: die Anziehung der Energie Geld oder die Abweisung von Geld. Wie Sie bereits wissen, bestehen die morphischen Felder aus unterschiedlichen Polen. Beim Energiefeld Geld sind es der Pol der Fülle und der Pol des Mangels.

Es können im Laufe Ihres Lebens bereits viele Glaubenssätze, Programme, Konditionierungen und falsch verstandene Überzeugungen in Bezug auf Geld angelegt worden sein. Programmierungen, die es verhindern, zu Geld zu kommen. Die folgende Geschichte zeigt, welches Ausmaß derlei Konditionierungen auf ganze Generationen einer Familie haben können.

Wenn Sie es sich ausgesucht haben, in diesem Leben kein oder nur wenig Geld zu besitzen, werden Sie damit auch glücklich sein.

Angst vor Verlust

Marion, 43 Jahre alt, kommt gerade so über die Runden. Nicht, dass es ihr schlecht geht – es reicht immer, wenn auch knapp. Doch selbst wenn sie einmal das Gefühl hat, jetzt geht es aufwärts, kommt sofort wieder etwas dazwischen. Sie ist dem Leben gegenüber ausgesprochen positiv eingestellt, und doch schleichen sich immer mehr Gedanken ein, dass es ihr nicht möglich ist, zu mehr Geld zu kommen. Ist es ihr Karma? Oder steht vielleicht sogar im Lebensplan, dass sie arm bleiben soll?

Zum Thema »Geld und Geldfluss« machten wir eine Zeitreise (siehe *Das Leben aktiv gestalten mit Matrix Inform*). Denn abgesehen von kleineren Ereignissen waren in diesem Leben keine einschneidenden Erlebnisse zu finden, die einen solchen Einfluss auf das Thema haben konnten. Die hinderlichen Konditionierungen mussten also eine andere Ursache haben. Die eigentliche Ursache fanden wir im Zusammenhang mit Marions Großeltern. Diese waren in ihrer Heimat sehr vermögend gewesen, hatten im Krieg aber flüchten müssen und alles verloren. Dieser Verlust wurde als das Programm »Angst vor erneutem Verlust« im Energiekleid angelegt. Der entsprechende Glaubenssatz lautete: Bevor wir wieder alles verlieren, verzichten wir lieber und bleiben arm. Dieses Programm hatte sich auf Marions Eltern und auch auf Marion selbst ausgewirkt. Mit Matrix Inform konnten wir das Programm transformieren und den Geldzufluss aktivieren.

Sabotageprogramme erkennen und transformieren

Wenn Sie zu Geld kommen wollen, müssen Sie die blockierenden Glaubenssätze und Programme erkennen und transformieren. Sie müssen Ihren Blick, also Ihre Energie, ausrichten und zielgerichtet wirken lassen.

Das Gesetz der Anziehung folgt einem Grundsatz: Von den Dingen, auf die ich meine Aufmerksamkeit richte, möchte ich mehr haben!

Lenken Sie, wann immer Sie können, Ihre Aufmerksamkeit auf Geld:
- ▸ Zählen Sie Ihr Geld im Geldbeutel.
- ▸ Sortieren Sie die Scheine nach Größe und Wert.
- ▸ Legen Sie die Scheine ordentlich aufeinander.
- ▸ Entfernen Sie die Knicke an den Ecken der Scheine.
- ▸ Überlegen Sie, was Sie sich alles davon leisten können.
- ▸ Spielen Sie mit den Centmünzen, wann immer Sie können.
- ▸ Seien Sie dankbar dafür, dass Sie die Münzen besitzen.

Damit setzen Sie Ihre Energie zielgerichtet ein. Vom Gesetz der Resonanz wissen wir, dass dort, wo sich die Energie befindet, die Energiefelder kraft der erzeugten Resonanz ins Schwingen kommen; die Felder verbinden sich durch Anziehung miteinander. Es geht wie gesagt nicht darum, dem Geld hinterherzulaufen oder seine Seele zu verkaufen. Es geht um den bewussten Umgang mit Geld.

Hinderliche Glaubenssätze

Je nach Intensität Ihrer blockierenden und hinderlichen Programme passiert nun etwas. Es steigen in Ihnen Ihre Glaubenssätze in Form von negativen Gedanken auf, beispielsweise die folgenden:

▸ Was soll das? Ich brauche nicht viel zum Leben.

▸ Ich möchte nicht zum Ausbeuter werden.

▸ Wenn ich Geld habe, muss ich nur viele Steuern zahlen.

▸ Wenn ich Geld habe, will nur wieder mein / meine Ex etwas davon.

▸ Ich bin doch zufrieden, wie es ist.

▸ Warum soll das überhaupt funktionieren?

▸ Bei mir klappt das sowieso nicht.

▸ Das habe ich nicht verdient.

Reich sein ist keine Frage der Umgebung und auch keine Frage von Talent.

Negative Gedanken sind Widerstände. Wenn sie auftauchen und Sie sie wahrnehmen, dann sollten Sie sofort eine entsprechende Matrix-Inform-Anwendung durchführen. Die Facetten negativer Gedanken sind unbegrenzt. Prüfen Sie deshalb alle aufkommenden Gedanken daraufhin, ob sie gegen Geld und Reichtum wirken oder förderlich für Geld und Reichtum sind. Die Gedanken kommen beim Einkaufen, vor dem Einschlafen, in Gesprächen mit anderen, beim Fernsehen, während einer Autofahrt, im Prinzip überall und bei jeder Gelegenheit.

Nach ein paar Tagen haben Sie die oberflächlichen Programme transformiert. Nun treten die tiefer angelegten gesellschaftlichen, familiären oder religiösen Programme an die Oberfläche:

▸ Es ist ungerecht, viel zu haben, wenn gleichzeitig Tausende von Menschen verhungern.

▸ Reich werden kann man nur durch Betrug.

▸ Ohne Arbeit kein Brot.

▸ Ich will nicht so sein wie die »da oben«.

Umverteilung des Geldes

Ich habe in meinem Leben so manche Diskussionen bezüglich Geld und Reichtum geführt. Oft wurde auf die Reichen geschimpft und der Besitz von viel Geld abgelehnt. Unter anderem wurde dabei die Meinung vertreten, das Geld müsste von den Reichen an die Armen verteilt werden. Mein Vorschlag hierzu: Dann öffnen Sie sich dem Reichtum! Und wenn das Geld zu Ihnen fließt, verteilen Sie es an die Armen. Dann kann eine Umverteilung geschehen.

Interessanterweise wird aber auch diese Denk- und Vorgehensweise abgelehnt und kann aus der Sicht des anderen ebenfalls nicht als gangbarer Weg akzeptiert werden. Man überlässt es den Reichen, die Dinge zu richten, denn die sind »die Bösen«: »Ich bin nicht reich genug, und so viel, wie die besitzen, werde ich sowieso nie haben.« Auf diese Art werden die bestehenden Glaubenssätze verstärkt, und der innere Widerstand gegen Geld und Vermögen wird erheblich erhöht.

Niemand kann reich werden, wenn er sich ständig mit Bildern, Menschen und Situationen von Armut beschäftigt.

Von Kamelen und Nadelöhren

In der Bibel steht die Geschichte des reichen Jünglings, der Jesus fragte, was er denn machen könne, um in den Himmel zu kommen. Die Antwort: Verschenke all dein Hab und Gut. Daraus entstand die Interpretation: Nur wer arm ist, kommt in den Himmel – eher kommt ein Kamel durch ein Nadelöhr als ein Reicher in den Himmel. Dabei war Jesus' Antwort auf den Jüngling gemünzt, hatte er doch erkannt, dass für diesen der Reichtum ein Hindernis auf dem Weg zur Glückseligkeit war. Kämen wirklich nur Arme in den Himmel, müssten dann nicht die Kirche und speziell die Kirchenoberhäupter arm sein?

Negative Gedanken und Gefühle

Nur Ihre Ansichten und Glaubenssysteme hindern Sie daran, zu Geld zu kommen; denn wer sagt, dass es unrecht ist, reich zu sein? Einzig und allein Ihre Gedanken und Überzeugungen.

Verfahren Sie auch mit diesen komplexeren Programmen wie bereits beschrieben. Verbinden Sie sich mittels der Zwei-Punkt-Methode mit den hohen lichtvollen Energien und transformieren Sie die aus Ihrem Unterbewusstsein auftauchenden Programme. Das Ganze ist sicherlich ein längerer Prozess. Doch mit jedem transformierten Programm lösen Sie Widerstände, die Sie vom Energiefeld Geld und der Anziehung fernhalten.

Akzeptieren Sie immer die aktuelle Währung des Landes, in dem Sie leben, wenn Sie zu mehr Geld kommen wollen.

Mit den aufsteigenden negativen Gedanken gehen sehr oft negative Gefühle einher, z. B. Angst, Wut, Zorn, Neid, Empörung, Traurigkeit oder Übelkeit. Emotionen haben eine deutlich größere Kraft als Gedanken und bilden daher mitunter sehr große Widerstände. Deshalb ist es ganz wichtig, dass Sie die aufsteigenden Gefühle ebenfalls transformieren. Lenken Sie mit der Matrix-Inform-Welle die hohen lichtvollen Energien auf die verdichteten Energien der Emotionen. Sie werden nach und nach eine immer größer werdende Leichtigkeit verspüren.

Bauen Sie schrittweise Ihre inneren Widerstände ab, indem Sie jeden aufsteigenden negativen Glaubenssatz oder jedes negative Gefühl transformieren. Machen Sie es sich immer deutlich: Dort, wo Ihre Energie ist, findet Wachstum statt!

Von der Mark zum Euro

Im Jahr 2001 hatten wir in Deutschland die Währungsumstellung auf den Euro. Relativ schnell wurde der Euro im Volksmund zum

»Teuro«. Noch heute, viele Jahre später, haben sich sehr viele Menschen immer noch nicht auf die neue Währung eingestellt; sie trauern der »guten alten D-Mark« nach und wünschen sich die alte Währung zurück.

Doch betrachten wir diese Denkweise einmal unter dem Aspekt der Resonanz. Die Aufmerksamkeit dieser Menschen liegt noch auf der alten Währung. Ihre Energie ist auf das morphische Feld der Deutschen Mark ausgerichtet. Dieses morphische Feld aber wird hinsichtlich Geld und Reichtum nicht mehr gepflegt, es verliert Ausstrahlung und Energie, und auch als Zahlungsmittel bzw. als Einkommensquelle kommt die Deutsche Mark nicht mehr infrage. Es ist demnach wenig sinnvoll, sich auf dieses morphische Feld auszurichten, wenn Sie mehr Geld in Ihr Leben ziehen wollen.

Wer noch an der Deutschen Mark hängt, lehnt innerlich – insbesondere auf der Gefühlsebene – den Euro ab. Diese Ablehnung ist ein eindeutiger Widerstand gegen einen Geldzufluss; denn was Sie ablehnen, wird nicht mit Freude zu Ihnen kommen. Denken Sie um, laden Sie den Euro in Ihr Leben ein und bringen Sie ihm Wertschätzung entgegen!

Sie können dabei folgendermaßen vorgehen: Da Sie noch eine emotionale Bindung zur alten Währung haben, empfiehlt es sich, eine »Entflechtung« zur D-Mark vorzunehmen. Gehen Sie dabei nach der Zwei-Punkt-Methode vor:

Bauen Sie eine Verbindung zur Währung auf und intensivieren Sie diese auf Dauer.

▶ Suchen Sie sich mit einer Hand einen Punkt an Ihrem Körper, der Sie anzieht.

▶ Formulieren Sie Ihre Absicht, in diesem Fall: »Entflechten zur D-Mark«.

▶ Scannen Sie einen zweiten Punkt, der gut mit dem ersten Punkt korrespondiert.

▶ Lassen Sie mental eine Gedankenlücke entstehen.

▸ Nehmen Sie anschließend die Hände vom Körper und lassen Sie damit auch jede Art von Erwartung los.

▸ Bauen Sie in gleicher Weise eine bessere Bindung an den Euro auf.

Geld und kollektives Bewusstsein

»Geiz ist geil« – können Sie sich innerlich tatsächlich mit diesem Werbeslogan identifizieren?

Nachdem Sie nun der Energie Geld Wertschätzung entgegenbringen und langsam Ihre inneren Widerstände gegen die Energie Geld abgebaut haben, dehnen Sie Ihre Gedanken und Gefühle auf alle Menschen, also auf das Kollektiv Mensch aus.

Bei allem, was Sie tun, ist es wichtig, dass Sie einen größeren Gegenwert als erwartet erbringen. Wenn Sie ein Geschäft besitzen, geben Sie immer etwas mehr Nutzen, als Ihr Kunde erwartet. Sind Sie Arbeiter oder Angestellter, dann bringen Sie immer etwas mehr ein, als Ihr Arbeitgeber erwartet. Diese Einstellung und Vorgehensweise ist in der Regel in unserer Gesellschaft schon lange nicht mehr »in«. Es wird eher das Gegenteil gepflegt: Es wird für immer weniger Leistung immer mehr Geld verlangt. Produkte werden möglichst billig erzeugt, um sie dann zu überteuerten Preisen zu verkaufen. Doch wo bleibt die eigene Wertschätzung? Anders formuliert: Was sind Sie sich selbst wert?

Wenn Sie in ein Restaurant essen gehen, wohin geht Ihr Blick auf der Speisekarte zuerst – auf den Preis oder auf das Gericht? Wenn Sie neue Kleider kaufen, wem gilt Ihr erster Blick – dem Preis oder dem Kleidungsstück? Wenn Werbeprospekte im Briefkasten liegen, kaufen Sie dann manchmal eines dieser Produkte, nur weil es gerade im Angebot ist?

Dazu ein Beispiel: Versetzen Sie sich in die Zeit des Tauschhandels zurück. Die angebotene Ware stand in direktem Zusammenhang mit den erwünschten Erlösen. Wer schlechte Ware anpries, konnte nur wenig Erlös damit erzielen. Wer dagegen Qualität anbot, konnte im Gegenzug auch mehr dafür bekommen. Wissen und Erfahrung spielten nur bei der Erzeugung oder der Erbringung einer Ware oder Leistung eine Rolle. Niemand wurde aufgrund seines Wissens oder seiner Erfahrung entlohnt, wenn seine Ware oder Leistung schlecht war. Waren die Äpfel saftig und süß, waren sie mehr wert als ihre kleinen und sauren Verwandten. Viele Jahre Erfahrung im Apfelanbau waren nichts wert, wenn die Ernte schlecht ausfiel.

Unstimmige Verhältnisse

Vor einigen Jahren hörte ich auf einem Vortrag, dass rund 70 Prozent der deutschen Arbeitnehmer bereits innerlich bei ihrem Betrieb gekündigt hätten und dass weitere 15 Prozent sogar so weit gehen, Sabotage beim Arbeitgeber zu betreiben. Nur 15 Prozent waren bereit, die erforderliche Leistung oder etwas mehr zu erbringen, für die sie jeden Monat bezahlt, also entlohnt wurden.

Etwa 85 Prozent der Arbeitnehmer erbrachten demnach nicht die Leistung, die man von ihnen erwartete. Trotzdem stellten sie Ansprüche an den Arbeitgeber und forderten regelmäßig Lohn- bzw. Gehaltserhöhungen ein.

Doch auch umgekehrt stimmt das Verhältnis selten. Arbeitgeber verlangen mehr Leistung und wollen weniger bezahlen. Wer nicht mitspielt, muss mit Konsequenzen rechnen. Das Spiel mit der Angst um den Arbeitsplatz wird nahezu überall gespielt. Arbeitgeber drohen mit Produktionsverlagerung ins Ausland. Dumpinglöhne für ausländische Arbeiter sind an der Tagesordnung. Staat, Länder und

Wer bereits innerlich die Kündigung für seinen Arbeitsplatz geschrieben hat, darf sich nicht wundern, wenn dieser dann auch tatsächlich aus seinem Leben verschwindet.

Gemeinden müssen die Aufträge an die billigsten Anbieter verge-ben. Die Listen der Dissonanzen auf beiden Seiten ließen sich fast beliebig verlängern.

Auf beiden Seiten fehlen Achtung und Wertschätzung für das Ge-genüber. Beenden Sie dieses Spiel, beginnen Sie bei sich selbst. Es ist lediglich ein Umdenken Ihrerseits erforderlich. Bringen Sie ab sofort etwas mehr Nutzen, als Sie mit Geld als Gegenwert erhalten. Es reicht schon, wenn es nur ein Prozent mehr ist als erwartet.

Freuen Sie sich mit Ihrem Kollegen über dessen Beför-derung, mit Ihrem Nachbarn über das neue Auto und mit den Menschen in Ihrem Umfeld, denen es gut geht.

Auch anderen mehr von allem gönnen

Die kleine Geschichte unten (siehe Kasten) hat einen ausgespro-chen ernsthaften Hintergrund. Es gibt Menschen, die einen Nach-teil in Kauf nehmen oder lieber ganz auf etwas verzichten, bevor sie einem anderen Menschen etwas gönnen.

Missgunst macht seelisch blind

Vor vielen Jahren lebten in einer kleinen arabischen Stadt in der glei-chen Straße zwei konkurrierende Händler. Seit Generationen waren ihre Familien verfeindet, keiner gönnte dem anderen auch nur den kleinsten Vorteil oder irgendetwas Gutes. Eines Tages erschien dem einen Händler ein Geist. Dieser sagte zu ihm: »Ich gewähre dir einen Wunsch. Du kannst dir alles wünschen, was du willst, doch es gibt eine Bedingung. Von allem, was du dir wünschst, erhält dein Konkurrent das Doppelte.« Sehr lange überlegte der Händler, um schließlich mit großer Erleichterung folgenden Wunsch zu äußern: »Ich möchte auf einem Auge blind sein!«

Wenn Sie sich etwas wünschen – sei es Geld, ein Haus, ein schöner Urlaub, Freunde, Liebe, Anerkennung –, dann wünschen Sie es sich auch für alle anderen. Wenn Sie mehr Geld wollen, gönnen Sie es auch allen anderen, denn je mehr von Ihrem Wunsch profitieren, desto leichter geht er in Erfüllung.

Das Gesetz der Resonanz und das Gesetz der Anziehung wirken, ob Sie es kennen oder nicht. Sie allein bestimmen, was Sie sich in Ihr Leben holen: Fülle oder Mangel.

▶ Alles schwingt und kann von anderen ähnlichen oder gleichen Schwingungen in Resonanz, also zum Mitschwingen gebracht werden. Die Schwingungen, die Sie in Ihrem Energiekleid mit sich tragen, strahlen Sie permanent in Ihre Umgebung aus. Das bedeutet, dass Sie dadurch vergleichbare Schwingungen in Ihrem Umfeld zum Mitschwingen bringen und sie auf diese Weise anziehen. Zu Beginn sollten Sie daher alle negativen Energien in Ihrem Energiekleid transformieren. In Bezug auf Geld bedeutet das, Ihre hinderlichen Ansichten zu Geld in Wertschätzung umzuwandeln; damit generieren Sie eine positive Ausstrahlung auf das Energiefeld Geld und bringen es in Resonanz mit Ihrem Energiefeld. In der Folge verbinden Sie sich interaktiv mit diesen Schwingungen, und die Anziehung beginnt.

▶ Seien Sie für alles dankbar, was Sie sich aktuell leisten können. Auch wenn es vielleicht nur das täglich Notwendigste ist. Seien Sie dankbar für alles, was Sie bereits besitzen und nutzen dürfen, z. B. Ihre Wohnung, die Möbel, die Kleidung und das Essen. Strahlen Sie Dankbarkeit aus, und Sie ziehen immer mehr von den Dingen an, für die Sie sich dankbar zeigen.

Bringen Sie Ihrem Lebenspartner, Nachbarn, Chef, Kunden, Lieferanten, Tankwart, Ihrem Auto, Ihrer Wohnung, Ihrem Haus, Ihrem Arbeitsplatz und allen anderen Dingen in Ihrem Leben stets Wert-

Wertschätzung, Dankbarkeit und Liebe sind sehr hoch schwingende Empfindungen, die wir ausstrahlen können. Machen Sie sich daher den Vorgang noch einmal ganz bewusst.

schätzung, Dankbarkeit, Achtsamkeit und Liebe entgegen, und die Fülle des Lebens wird nicht ausbleiben. Lieben Sie die Menschen und Dinge in Ihrem Umfeld. Sie haben sich alles kraft Ihrer Ausstrahlung selbst angezogen. Liebe ist eine der größten und machtvollsten Energien in unserem Universum. Nutzen Sie die Kraft der Liebe in allem, was Sie tun.

Matrix Inform
praktisch umsetzen

Jede Theorie ist nur so gut, wie sie in der Praxis umsetzbar ist. Die Philosophie von Matrix Inform ist eindeutig: Es geht um Transformation, Bewusstwerdung und Selbstbestimmung, und idealerweise beginnt die Veränderung bei jedem selbst.

Zur Selbstanwendung geeignet

In den beiden bereits erschienenen Büchern *Matrix Inform – Heilung im Licht der Quantenphysik* und *Das Leben aktiv gestalten mit Matrix Inform* wurden die praktischen Vorgehensweisen sehr ausführlich und detailliert beschrieben. Die dort vorgestellten Matrix-Inform-Anwendungen umfassten die Basisübungen zur Selbstanwendung, die Anwendung bei anderen Menschen und die Fernanwendung anhand praktischer Beispiele für körperliche und seelische Probleme. Darüber hinaus wurden aufbauend auf den Basisübungen Module und Vorgehensweisen vorgestellt, um Matrix-Inform-Anwendungen im Zusammenhang mit vielen weiteren Lebensthemen einzusetzen.

Wenn Sie noch nicht mit der Materie und dem Hintergrundwissen vertraut sind oder in Berührung waren, erfahren Sie auf den folgenden Seiten den Zugang zur praktischen Umsetzung.

Matrix Inform ist leicht erlernbar und umsetzbar.

Die Zwei-Punkt-Methode

Die Matrix-Inform-Anwendungen werden mithilfe der Zwei-Punkt-Methode durchgeführt, bei der es um eine Anbindung an höhere lichtvolle Energien in der fünften Dimension oder höher geht, also um eine Anbindung an die 5D+. Ab der fünften Dimension sind im Modell von Matrix Inform die Energien nicht mehr polarisiert, und es gilt das Energiegesetz, dass hohe lichtvolle Energien niedrige, verdichtete Energien transformieren.

Der Lebensplan als Teil der Urmatrix aus der 5D+ ist für die aktuelle Inkarnation festgelegt und unveränderbar. Ziel der beschriebenen Matrix-Inform-Anwendungen ist es, sich an den Inhalt des Lebensplans zu erinnern und den Lebensplan klar erkennbar zu machen. Erinnern bedeutet in diesem Zusammenhang, die angelegten Schwingungen in den Vordergrund treten zu lassen, Empfindungen und Emotionen intuitiv wahrzunehmen und damit den Lebensplan praktisch zu leben.

Mit Matrix Inform generieren wir eine Verbindung zu unserem Höheren Selbst.

Wenn Sie Matrix Inform konsequent und dauerhaft einsetzen – Sie müssen sich dabei nicht einmal an eine Regel, zeitliche Vorgabe oder Struktur halten –, dann transformieren Sie alle Widerstände, Blockaden, Sabotageprogramme, Überzeugungen und hemmende Glaubenssätze. Sie kommen immer mehr in Ihre Schwingung, und da Sie nur das hervorheben, was Sie selbst geplant und sich vorgenommen haben, können Sie auch keinen Fehler machen.

Ihr Leben wird sich ändern

Bei Matrix Inform sollten Sie allerdings berücksichtigen, dass sich vieles ändern wird, was Sie bisher möglicherweise gelebt haben, was aber nicht zu Ihrem Lebensplan gehört. Menschen verschwinden aus Ihrem Leben, Lebensumstände verändern sich. Das kann anfangs Unsicherheiten und Ängste verursachen, weil Sie zu diesem Zeitpunkt noch nicht wissen, warum sich gerade das in Ihrem Leben ändert und was danach kommt. Aktivieren Sie deshalb immer wieder Ihr Vertrauen, indem Sie die aufkommenden Emotionen mit einer »Welle« transformieren. Als Welle wird der beginnende Energiefluss bei der Anwendung der Zwei-Punkt-Methode bezeichnet.

Bei der folgenden Beschreibung der Zwei-Punkt-Methode beschränke ich mich auf die Erklärung für die Selbstanwendung. Sie können Matrix Inform jedoch bei gleicher Vorgehensweise auch bei anderen Menschen anwenden.

Für die Zwei-Punkt-Methode brauchen Sie Ihre beiden Hände, nicht jedoch Ihren Kopf! Denn die Anbindung an höhere Dimensionen kann nicht mental durch Denken hergestellt werden, sondern nur durch vorübergehende Gedankenlücken.

Reaktionen sind Transformationsprozesse

Reaktionen können sich auf unterschiedliche Weise je nach Thema und Absicht zeigen. Kleinste Bewegungen oder Zuckungen in der Muskulatur an Armen und Beinen können ebenso vorkommen wie das Biegen, Drehen und Bewegen des gesamten Körpers. Es können sich emotionale Reaktionen wie Lachen, Weinen, Wut oder Trauer zeigen, Wärme, Kälte und Hitze können aufkommen, ja es kann sogar zu einem Umfallen nach hinten oder vorn kommen. All diese Reaktionen sind Anzeichen einer Transformation und hören auf, sobald die Transformation beendet ist. Das kann Minuten bis Stunden

Jeder Mensch hat einen eigenen Lebensplan und sollte diesen auch leben. Deshalb ist es wichtig, dass jeder an sich selbst arbeitet, um dadurch die eigene Bewusstwerdung voranzutreiben.

dauern, in Einzelfällen auch mehrere Tage. Zu Beginn der Arbeit mit Matrix Inform empfiehlt es sich deshalb, die Transformationsprozesse nicht unter Zeitdruck einzuleiten. Sie können natürlich »Gas geben«, wenn Sie ein Gefühl für Ihre Reaktionen haben.

Sollte eine Reaktion doch einmal länger anhalten als erwünscht, kann diese auf einfache Weise unterbrochen werden. Wenn Sie schon einmal meditiert oder autogenes Training praktiziert haben, kennen Sie die Vorgehensweise des »Zurückkommens«:

- ▸ Atmen Sie tief ein und aus.
- ▸ Öffnen Sie die Augen.
- ▸ Ballen Sie die Hände zu Fäusten.
- ▸ Recken und strecken Sie den ganzen Körper, um ihn wieder zu spüren.
- ▸ Schauen Sie sich um und nehmen Sie Ihre Umwelt wieder bewusst wahr.

Matrix-Inform-Anwendungen können im Liegen, Sitzen oder Stehen durchgeführt werden. Sichern Sie sich beim Stehen nach hinten bitte immer mit einem Stuhl oder Sessel ab.

Grundübung – eine Verbindung herstellen

Bei der ersten Übung geht es einfach darum, zunächst einmal das Energiefeld an die universellen, lichtvollen Energien anzuschließen. Der Vorgang ist mit dem Öffnen eines Fensters vergleichbar, um schlechte Raumluft auszutauschen. Das Ziel besteht darin, ohne besondere Absicht und ohne ein spezielles Thema verdichtete Energien im individuellen Energiekleid zu transformieren.

Zu Beginn bietet es sich an, im Stehen zu üben. Das hat den Vorteil, dass Sie leichter, schneller und intensiver eine mögliche Reaktion wahrnehmen. Wenn Sie jedoch im Stehen üben, sollten Sie sich unbedingt mit einem Stuhl, einem Sessel oder einem Bett nach hinten absichern und eine weiche Unterlage darauf auslegen. Es kann nämlich sein, dass Sie gleich zu Beginn eine Energiewelle mit umwerfender Wirkung auslösen!

Nun wählen Sie mit einer Hand einen Punkt an Ihrem Körper aus. Die Auswahl dieses ersten Punktes kann nach folgenden Kriterien erfolgen:

▸ Die Körperstelle schmerzt.
▸ Die Körperstelle ist verdickt oder verhärtet.
▸ Die Körperstelle zieht durch irgendetwas Ihre Aufmerksamkeit auf sich.
▸ Sie fühlen sich von einem Punkt angezogen.

Legen Sie nun an dieser Stelle die eine Hand auf. Bleiben Sie einen Moment mit Ihrer Aufmerksamkeit bei dieser Hand und stellen Sie eine gefühlsmäßige Verbindung her.

Zu Beginn des Übens sollten Sie immer beide Hände am Körper haben.

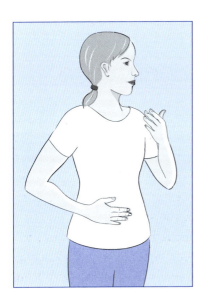

Wählen Sie einen ersten Punkt am Körper aus, etwa an der Hüfte.

Fahren Sie mit der zweiten Hand im Abstand von etwa 10 Zentimetern über die Körperoberfläche – wir nennen das Scannen –, bis Sie eine Verbindung zwischen Ihren beiden Händen wahrnehmen.

167

Diese Wahrnehmung kann ein Kribbeln oder ein Gefühl von Wärme oder Kälte in der ersten – aufgelegten – Hand, in der zweiten – scannenden – Hand oder in beiden Händen gleichzeitig sein. Ist eine Veränderung spürbar, legen Sie die zweite Hand ebenfalls auf den Körper. Fühlen Sie nun gleichzeitig beide Hände bzw. Punkte.

Wenn Sie noch neu und unerfahren als Matrix-Inform-Anwender sind, empfiehlt es sich, immer beide Punkte am Körper nacheinander mit den Händen zu berühren. Später, mit etwas Übung, kann der zweite Punkt auch schon im Energiefeld gesucht und gefunden werden. Das sieht dann so aus, dass eine Hand am Körper aufgelegt ist und die andere Hand einen korrespondierenden Punkt in der Luft verbindet.

Alles ist möglich, alles ist erlaubt, sofern eine gefühlte Verbindung zwischen den Händen hergestellt werden kann. Dieses bewusste Wahrnehmen ist reine Übungssache und sollte als Basisübung immer wieder durchgeführt werden.

Zur Wahl stehen Ihnen praktisch jede Körperstelle für den ersten Punkt und jede andere Körperstelle für den zweiten Punkt. Es gibt bei der Auswahl der Punkte kein Richtig oder Falsch, sondern nur eine gute oder weniger gut gefühlte Verbindung.

Mental loslassen

Der entscheidende Schritt bei einer Matrix-Inform-Anwendung erfolgt unmittelbar mit der erfühlten Verbindung der beiden Punkte. Sie müssen mental loslassen, um kurzzeitig eine Gedankenlücke zu schaffen. Dies lässt sich durch einfache Vorgehensweisen erreichen:

- ▸ Die einfachste Möglichkeit ist bewusstes Ausatmen.
- ▸ Sie können auch den Blick »weich machen«, d. h. defokussieren.
- ▸ Eine weitere Möglichkeit besteht darin, sich eine offene Frage zu stellen, z. B.: »Wie oft soll ich eine Welle laufen lassen?« oder: »Was esse ich am zweiten Mittwoch im Monat?«. Ausschlaggebend ist hier nicht der Inhalt der Frage, sondern dass der Verstand keine unmittelbare Antwort darauf hat. Deshalb geht er in einen

»Suchmodus«; genau in diesem Moment entsteht eine kleine Lücke im dichten, mentalen Gedankenfeld, und die lichtvollen Energien können fließen.

▸ Schließlich können Sie auch alle Vorgehensweisen miteinander kombinieren.

Die Zwei-Punkt-Methode besteht immer aus dieser einfachen, »standardisierten« Vorgehensweise. Im Fall der Selbstanwendung verbindet der Matrix-Inform-Anwender das eigene Energiefeld mit den schnell schwingenden Energien des Universums – nicht mehr und nicht weniger. Es geht um eine Verbindung, nicht darum, Energie fließen zu lassen! Dies ist der wesentliche Unterschied von Matrix Inform zu anderen energetischen Anwendungen.

Erweiterung der Zwei-Punkt-Methode

Die Basisübung der Zwei-Punkt-Methode kann durch unterschiedliche Komponenten erweitert werden.

Mit der Gedankenlücke, dem mentalen Loslassen, fließen universelle Energien in das angeschlossene Energiefeld ein. Beginnt die Transformation, können Sie die Hände vom Körper lösen.

Kurzfassung Basisübung

Vergessen Sie das Absichern nicht!

▸ Wählen Sie den ersten Punkt am Körper durch Handauflegen aus.

▸ Scannen Sie den Körper mit der zweiten Hand, um den zweiten Punkt zu erfühlen.

▸ Stellen Sie eine gefühlte Verbindung zwischen beiden Händen her und lassen Sie mental durch Ausatmen los.

▸ Lösen Sie die Hände vom Körper und warten Sie die Reaktionen ab.

▸ Sie wählen ein Thema. Denken Sie aber bitte nur kurz daran, konzentrieren Sie sich nicht länger darauf. Jedes Thema hat ein eigenes, individuelles, interaktives und polarisiertes morphisches Feld in der vierten Dimension. Durch die Anbindung an die 5D+ lenken Sie auf dieses körperliche, mentale, emotionale oder spirituelle Thema gezielt hochschwingende lichtvolle und transformierende Energien. Dabei spielt es keine Rolle, ob Sie das Thema positiv oder negativ formulieren.

▸ Sie bestimmen eine Absicht. Suchen Sie z. B. eine Lösung für ein Problem, kann die Absicht etwa lauten: »Zum Wohle und Nutzen aller Beteiligten«. Oder Sie haben einen Wunsch; vielleicht möchten Sie sich ein Auto kaufen, dann könnte die Absicht lauten: »Dieses Auto oder besser!«.

▸ Sie setzen Machtworte als Befehl ein. Jedes Wort hat ein eigenes morphisches Feld und setzt bei der Verwendung ein dahinterliegendes Programm in Gang – ähnlich wie ein Befehl in einer Programmiersprache. Bei der Selbstanwendung von Matrix Inform in Bezug auf den Lebensplan können Sie zunächst mit dem Befehl »erinnern« arbeiten und dann mit »aktivieren«. Der Befehl kann auch mit der Absicht kombiniert werden, beispielsweise als: »Potenziale aktivieren«.

Je besser Sie Ihren Bauch und Beckenboden wahrnehmen können, desto besser gelingt die Zentrierung.

Ich Bin – Zentrierung

Ein großes Problem unserer zivilisierten Welt besteht darin, dass viele Menschen nicht mehr in ihrer Mitte sind oder sehr schnell aus ihrer Mitte gebracht werden können. Mit der folgenden Übung erhalten Sie ein Werkzeug, das Sie jederzeit und überall ohne großen Zeitaufwand einsetzen können, um immer wieder in Ihre Mitte zu

Kurzfassung einzelner Varianten

Vergessen Sie das Absichern nicht!

Durchführung der Zwei-Punkt-Methode mit einem Thema

▸ Wählen Sie ein Thema oder einen Wunsch aus, indem Sie daran denken oder es bzw. ihn aussprechen.
▸ Wählen Sie den ersten Punkt am Körper durch Handauflegen aus.
▸ Scannen Sie den Körper mit der zweiten Hand, um den zweiten Punkt zu erfühlen.
▸ Stellen Sie eine gefühlte Verbindung zwischen beiden Händen her und lassen Sie mental durch Ausatmen los.
▸ Lösen Sie die Hände vom Körper und warten Sie die Reaktionen ab.

Durchführung der Zwei-Punkt-Methode mit einer Absicht

▸ Wählen Sie eine Absicht aus, indem Sie daran denken oder sie aussprechen.
▸ Wählen Sie den ersten Punkt am Körper durch Handauflegen aus.
▸ Scannen Sie den Körper mit der zweiten Hand, um den zweiten Punkt zu erfühlen.
▸ Stellen Sie eine gefühlte Verbindung zwischen beiden Händen her und lassen Sie mental durch Ausatmen los.
▸ Lösen Sie die Hände vom Körper und warten Sie die Reaktionen ab.

Durchführung der Zwei-Punkt-Methode mit einem Befehl

▸ Wählen Sie den ersten Punkt am Körper durch Handauflegen aus.
▸ Scannen Sie den Körper mit der zweiten Hand, um den zweiten Punkt zu erfühlen.
▸ Stellen Sie eine gefühlte Verbindung zwischen beiden Hände her.
▸ Denken Sie den Befehl oder sprechen Sie ihn laut aus.
▸ Stellen Sie eine Gedankenlücke – z. B. durch Ausatmen – her und lassen Sie mental los.
▸ Lösen Sie die Hände vom Körper und warten Sie die Reaktionen ab.

Kombination verschiedener Varianten

▸ Wählen Sie eine Absicht oder ein Thema aus, indem Sie daran denken oder sie bzw. es aussprechen.
▸ Wählen Sie den ersten Punkt am Körper durch Handauflegen aus.
▸ Scannen Sie den Körper mit der zweiten Hand, um den zweiten Punkt zu erfühlen.
▸ Stellen Sie eine gefühlte Verbindung zwischen beiden Händen her.
▸ Denken Sie den Befehl oder sprechen Sie ihn laut aus.
▸ Lassen Sie mental los, indem Sie bewusst ausatmen.
▸ Lösen Sie die Hände vom Körper und warten Sie die Reaktionen ab.

gelangen. Das Leben des Lebensplans ist am besten aus der eigenen Mitte heraus möglich. Immer wenn Sie in Ihrer Mitte sind, können Sie die auf Sie einwirkenden Schwingungen leichter erfassen und gezielter darauf reagieren.

Setzen Sie sich aufrecht auf einen Stuhl oder einen Hocker. Die Füße sollten dabei nicht überkreuzt sein. Sorgen Sie dafür, dass Sie nach hinten gut abgesichert sind.

Legen Sie nun Ihre Hände auf den Bauch und fühlen Sie in den Bauch hinein. Erspüren Sie den gesamten Bauchraum.

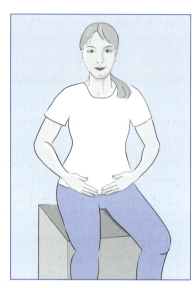

Es geht bei dieser Übung darum, einen gefühlten Kontakt zum Bauch herzustellen.

Visualisieren Sie Ihren Raum so groß und so hell wie möglich.

▸ Denken Sie in Ihren Bauch und nehmen Sie Ihren Bauch bewusst wahr. Ihr Bauch soll im Mittelpunkt Ihrer Aufmerksamkeit stehen und während der Übung auch dort bleiben.

▸ Sobald Sie einen guten und intensiven Kontakt hergestellt haben, beginnen Sie, den Bauchraum auszudehnen. Fühlen Sie, wie Ihr Bauch größer wird. Unterstützen Sie das Gefühl, indem Sie innerlich Bilder davon erzeugen, wie in Ihrem Bauch ein Raum entsteht.

▸ Dehnen Sie diesen Raum in Ihren Bildern und Gefühlen aus, machen Sie ihn groß und weit. So groß wie eine Kathedrale oder ein Fußballstadion. Je größer der Raum, desto besser.

▸ Nachdem nun Ihr Raum sehr groß, riesig ist, bringen Sie Licht hinein. Leuchten Sie den Raum aus, mit Kerzen, Leuchtern, Lampen, Strahlern, mit Sonnenlicht oder mit Flutlicht. Machen Sie Ihren Raum hell.

▸ Im nächsten Schritt werden Sie ein Beobachter, der in den Raum hineinschaut. Schauen Sie hinein und suchen Sie sich dort. Schauen Sie, wo Sie sich in Ihrem Raum befinden. Sind Sie in einer Ecke, an einer Wand oder an der Decke?

▸ In manchen Fällen kommt es vor, dass jemand sich nicht im Raum wiederfindet. Wenn das so sein sollte, gehen Sie ganz bewusst in den Raum hinein.

▸ Wo auch immer Sie sich in diesem Moment befinden: Gehen Sie gezielt und bewusst in die Mitte des Raumes. Sollte irgendetwas Sie daran hindern, den Ort, an dem Sie sich gerade befinden, zu verlassen, dann lösen Sie dieses Hindernis auf. Sind es Seile, schneiden Sie sie mental mit einem Messer oder einer Schere durch; ist es Klebstoff, verwenden Sie Lösungsmittel; sind es Ketten, nehmen Sie einen Bolzenschneider oder eine Eisensäge. Alles ist erlaubt, um die Behinderung zu trennen oder aufzulösen.

Verbinden Sie Ihr Ich-Bin mit dem physischen Zentrum Ihres Seins.

▸ Sie können das Hindernis auch mit einer Matrix-Inform-Anwendung auflösen. Die Absicht wäre: »trennen oder lösen aller Behinderungen, die mich von meiner Mitte fernhalten«. Spüren Sie dazu in Ihre Hände, die immer noch auf dem Bauch liegen, und lassen Sie kurzzeitig mental los, z. B. durch bewusstes Ausatmen.

▸ Sobald Sie losgelöst und frei sind, bewegen Sie sich gezielt in die Mitte Ihres Raumes. Dort vergleichen Sie Ihre gefühlte Körpergröße mit der Raumgröße. Wie groß sind Sie im Verhältnis zu Ihrem Raum?

▸ Wenn Sie klein sind – was zu Beginn des Übens sehr oft vorkommt –, wachsen Sie. Dehnen Sie sich aus. Sollte das nicht gleich gehen, plustern Sie sich auf, wie ein Vögelchen, das sein Federkleid auf-plustert, um sich im Winter vor Kälte zu schützen. Stellen Sie sich vor, wie Sie sich immer mehr ausdehnen, und wachsen Sie energe-tisch in Ihren Raum. Werden Sie immer größer und nehmen Sie den gesamten Raum ein.

▸ Wenn Sie so groß wie Ihr Raum oder sogar über Ihren Raum hin-ausgewachsen sind, wählen Sie die Absicht »Ich Bin« und lassen Sie eine »Welle« laufen, indem Sie eine Hand auf Ihren Körper legen und mit der zweiten Hand nach dem zweiten Punkt suchen. Dieser kann am Körper oder im Energiefeld sein. Sobald Sie die Verbindung der beiden Hände fühlen, lassen Sie durch Ausatmen mental los.

Gewinnen Sie immer mehr Selbstvertrauen und bringen Sie Ihre Persönlichkeit immer klarer zum Ausdruck.

Aktivieren Sie durch die Welle Ihr »Ich Bin«. Mit der Welle transfor-mieren Sie alle Dinge, die Sie klein und aus Ihrer Mitte halten. Sie stärken damit Ihr »Ich Bin« und geben ihm die Chance, immer grö-ßer und intensiver zu werden.

Ich empfehle Ihnen, diese Übung anfangs täglich durchzuführen. Mit zunehmender Übung reicht es dann aus, nur noch an Ihre Mitte bzw. Ihren Bauch zu denken, und Sie sind augenblicklich zentriert und vollkommen bei sich. Mit dieser Übung werden Sie schneller geistesgegenwärtig im Sein.

Der Lichtkanal

Der Lichtkanal ist ein universell einsetzbares Modul. Er eignet sich sehr gut für Selbstanwendungen und dient der Harmonisierung und Transformation aller Energiekörper. Aktivieren Sie für sich den Lichtkanal, so verspüren Sie schon allein durch das Stehen darin die unterschiedlichsten Sensationen, vom Kribbeln am ganzen Körper über Schwanken bis zu Wärme oder Hitze oder auch Kälte. Diese in der Regel deutlich spürbaren energetischen Einwirkungen stellen an sich schon eine weitreichende Transformation dar.

Sowohl unser physischer Körper als auch die drei anderen Energiekörper haben energetisch eine vertikale Ausrichtung. Wer sich schon einmal mit den aus der traditionellen chinesischen Medizin (TCM) bekannten Meridianen beschäftigt hat, weiß, dass diese Energieleitbahnen im Körper von den Zehen- und Fingerspitzen zum Kopf und zurück verlaufen. Entsprechend dieser vertikalen Ausrichtung können wir einen Lichtkanal um uns herum bilden und stehen damit in direkter Verbindung zu Mutter Erde und zum Universum. Über den Lichtkanal ist es auch möglich, eine direkte Anbindung an den Lebensplan zu bekommen. Sie müssen dazu nur die unten aufgeführten Machtworte (Befehle) einsetzen.

Über den Lichtkanal entsteht eine direkte Verbindung zur Erde und zu den lichtvollen höheren Dimensionen.

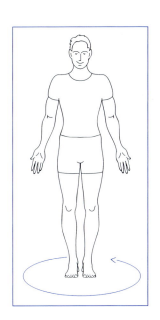

In vier Schritten den Lichtkanal aktivieren

1. Schritt – der Kreis Stellen Sie sich mit geschlossenen Füßen entspannt aufrecht hin. Bevor Sie beginnen, sollten Sie sich nach hinten absichern.

Zeichnen Sie nun um sich herum einen virtuellen Kreis auf den Boden, indem Sie mit einer Hand oder mit beiden Händen um sich herum gleiten. Mit welcher Hand bzw. in welche Richtung Sie den virtuellen Kreis malen, spielt keine Rolle.

2. Schritt – der Tunnel Nehmen Sie sich nun ein wenig Zeit und erstellen Sie mental einen Tunnel, indem Sie den Kreis um sich herum bis zum Erdmittelpunkt hin ausdehnen. Durch die Verbindung mit dem Erdmittelpunkt beginnt bereits eine Transformation über Mutter Erde und gleichzeitig eine Energieaufnahme. Ihr Energiefeld wird geerdet.

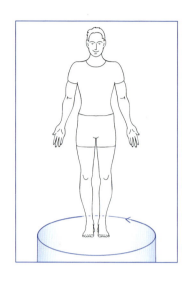

Führen Sie die Übung des Lichtkanals einmal am Tag – am besten morgens – oder idealerweise mehrmals am Tag durch.

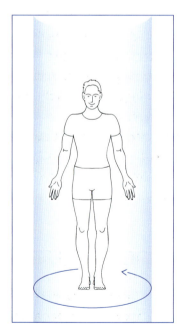

3. Schritt – die Röhre Nachdem Sie nun bestens geerdet sind, ziehen Sie den Kreis an sich hoch. Dies können Sie mit den Händen tun; Sie können es sich aber auch nur vorstellen, wie Sie um sich herum eine Röhre erschaffen.

4. Schritt – die Anbindung Zur Vervollständigung des Lichtkanals verlängern Sie nun die Röhre zu einem Kanal bis zum Licht (siehe Abb. S. 177). Sie sind nun vom Erdmittelpunkt aus mit dem universellen Licht verbunden. Sie stehen in einer energetischen Lichtsäule,

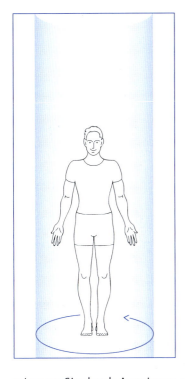

und es beginnt eine Reinigung und Klärung Ihres gesamten Energiefelds. Bleiben Sie einige Minuten in diesem Lichtkanal stehen und fühlen Sie, wie sich in Ihrem Energiefeld die unterschiedlichsten Wahrnehmungen zeigen.

Im Lichtkanal können Sie zudem Matrix-Inform-Anwendungen mit den unterschiedlichsten Absichten durchführen (z. B. »Potenziale aktivieren« oder »Verbinden mit …«).

▸ Formulieren Sie Ihre Absicht.

▸ Wählen Sie den ersten Punkt am Körper aus und scannen Sie den Körper nach dem zweiten Punkt. Sie können den zweiten Punkt auch im Energiefeld wählen.

Nehmen Sie Fahrt auf, um immer schneller an Ihr Ziel zu kommen!

▸ Lassen Sie durch Ausatmen mental los, bringen Sie die Welle zum Kollabieren, und der Transformationsprozess beginnt.

Ich empfehle Ihnen, sich täglich einmal in den Lichtkanal zu stellen. Dadurch transformieren Sie nach und nach alles Überflüssige in Ihrem Energiefeld; Sie werden dadurch immer klarer in Ihrer Ausstrahlung und gehen mit Negativem nicht mehr in Resonanz.

Erinnern an den Lebensplan

Der Lebensplan als Teil unserer Urmatrix ist im emotionalen Körper angelegt. Mit dem Machtwort »erinnern« aktivieren Sie das angelegte Programm, sodass es sich deutlicher bemerkbar machen kann. Auch wenn Sie anfänglich vielleicht nur wenig bis keine Wahrnehmungen haben, so wirkt die Methode doch. Sie bekommen klarere und häufigere Rückmeldungen bezüglich Ihrer Handlungen. Es treten neue Ideen in Ihr Gedankenfeld, Sie merken schneller, was nicht zu Ihrem Lebensplan gehört. Menschen verschwinden aus Ihrem Leben, neue kommen hinzu. Die Dinge, die nicht passen, zeigen sich deutlicher und werden geändert. Sie merken dies an vorübergehenden Turbulenzen in Ihrem Leben; doch haben Sie Vertrauen – alles wird sich regeln und mit der Zeit immer besser werden.

Und so führen Sie die Übung durch – Absichern nicht vergessen!

▶ Bauen Sie einen Lichtkanal um sich herum auf (siehe S. 174ff.).
▶ Beginnen Sie mit der Absicht »reparieren, reinigen und aktivieren der Aura«.
▶ Suchen Sie sich Ihren ersten Punkt am Körper oder im Energiefeld, scannen Sie sich einen zweiten Punkt und lassen Sie durch Ausatmen mental los.
▶ Warten Sie, bis sich alle Reaktionen wieder gelegt haben.
▶ Ihre zweite Absicht lautet: »erinnern an den Lebensplan«.
▶ Suchen Sie sich wieder einen ersten Punkt am Körper oder im Energiefeld, scannen Sie den korrespondierenden zweiten Punkt und lassen Sie durch Ausatmen eine Gedankenlücke entstehen.

Offene Fragen

Fragen sind ein wesentlicher Bestandteil der Kommunikation und gehören in allen Bereichen zum Leben. Fragen betreffen in der Regel den mentalen Körper, also den Verstand.

Wer, wie, was, wieso, weshalb, warum – wer nicht fragt, bleibt dumm! Mit diesem Titellied der *Sesamstraße* wurden Kinder zum Fragen animiert. Ein guter Verkäufer stellt Fragen, um sich besser auf die Kundenwünsche einstellen zu können. Bei polizeilichen Verhören und vor Gericht wird durch geschicktes Fragen versucht, den Verdächtigen in Widersprüche zu verwickeln. Bei Prüfungen wird Wissen abgefragt, und seit Jahren ist das Wissensquiz unverzichtbarer Bestandteil des Fernsehprogramms.

Es gibt viele verschiedene Frageformen: die geschlossene Frage, die rhetorische Frage, die indirekte Frage, die offene Frage, die Entscheidungsfrage, die Alternativfrage und viele mehr. Offene Fragen beginnen meist mit einem »W-Wort«: Wer, wie, was, wo, wann, weshalb, warum, wieso. Eine offene Frage lässt unterschiedliche Antworten zu, und in den wenigsten Fällen hat der Verstand darauf eine Antwort parat. Das ist einer der Gründe, warum eine offene Frage eine Gedankenlücke schafft, um eine Anbindung an das Höhere Selbst zu ermöglichen. Denn hat der Verstand keine direkte Antwort, geht er in einen Suchmodus, und der mentale Körper ist kurzzeitig leicht zu durchdringen.

Wenn Sie eine Gedankenlücke mittels einer offenen Frage schaffen wollen, sind der Inhalt der Frage und auch die Antwort vollkommen irrelevant und müssen keinen Sinn ergeben.

Die Antworten kommen auf vielen Wegen zu Ihnen, oft eher nebenbei. Daher immer wachsam sein!

Neue Zugänge schaffen

Da offene Fragen vom Verstand nicht direkt beantwortet werden können, entstehen neue Zugänge zu anderen morphischen Feldern und den darin gespeicherten Informationen. Offene Fragen aktivieren die Schwingung der morphischen Felder, und nach dem universellen Gesetz, dass hochschwingende Energien niedrigere Schwingungen transformieren, kommen bereits durch die Frage Transformationsprozesse in Gang.

▸ Sie können offene Fragen an sich selbst stellen, z.B.: Warum ist mir das schon wieder passiert?

- Sie können offene Fragen an andere stellen, z. B.: Wann hättest du Zeit für mich?
- Sie können offene Fragen intuitiv einsetzen, z. B.: Was ist mein nächster Schritt?
- Sie können offene Fragen an das Universum richten, z. B.: Wo finde ich die Lösung zu diesem Problem?

Die Antwort kann kommen, wenn Sie z. B. ganz beiläufig in einem Magazin lesen oder ein Buch in einer Auslage sehen. Vielleicht treffen Sie eine Person, die die Lösung kennt, oder haben einen Geistesblitz.

Bei offenen Fragen kommen die Antworten mitunter gleich und intuitiv. Geht es um Problemlösungen, kann es auch etwas länger dauern, bis sich eine Antwort zeigt. Die Antworten können auf allen Wegen kommen, meist dann, wenn Sie sich mit einer ganz anderen Sache beschäftigen oder sich in einer Ruhephase befinden. Für das Erkennen und Leben des Lebensplans lassen sich die offenen Fragen besonders sinnvoll einsetzen, etwa dann, wenn Zweifel über die Richtigkeit einer Vorgehensweise bestehen oder wenn Sie nicht wissen, wie es weitergehen soll bzw. wie Sie beginnen sollen. Doch Achtung: Die Antwort kann manchmal etwas auf sich warten lassen. Ungeduld ist ein großer Widerstand, der den freien Fluss der Energien verhindert. Erwarten Sie die Antworten also nicht sofort und vertrauen Sie darauf, dass eine passende und sinnvolle Antwort oder Lösung kommt. Sollte wider Erwarten keine oder eine unklare Antwort kommen, kann dies an der Fragestellung liegen. In diesem Fall formulieren Sie die Frage um, ganz neu oder genauer. Wie so oft, bedarf es etwas Übung bei der Fragestellung.

Jedes Mal, wenn Sie eine offene Frage für ungelöste Probleme stellen, verbinden Sie den Vorgang mit einer Matrix-Inform-Welle. Bei größeren Angelegenheiten empfiehlt es sich, die Frage schriftlich zu formulieren und dann eine Anbindung mit der Zwei-Punkt-Methode zu generieren.

Wissen, was Sie wollen

Der Lebensplan im Alltag

Dass Sie Ihren Lebensplan erkennen und leben, ist das Ziel dieses Buchs. Im letzten Kapitel geht es darum, das neu erworbene Wissen auf eine möglichst einfache und praktische Art in den Tagesablauf zu integrieren. Denn eins sollte durch die vorangegangenen Erläuterungen deutlich geworden sein: Mit dem Verstand allein lässt sich der Lebensplan nicht umsetzen.

Schaffen Sie für sich einen geeigneten Ausgangspunkt für die Umsetzung – der beste wäre Ihre aktuelle Lebenssituation im Hier und Jetzt. Im Folgenden finden Sie einen kurzen Überblick dazu und einen möglichen Weg, das Wissen um den Lebensplan in Ihren Alltag zu integrieren. Wer noch ungeübt ist, wird feststellen, dass ein Rückfall in alte Muster rasch erfolgen kann. Doch das Schöne ist: Sie können jederzeit und immer wieder neu anfangen. Es gibt kein »Sie müssen« oder »Dies ist Ihre letzte Chance«!

Es ist Ihr Leben, und Sie bestimmen, was für Sie richtig und gut ist. Sie dürfen sich leben und manipulieren lassen oder selbstbewusst und selbstbestimmt aktiv sein. Es ist Ihre Entscheidung. Doch wie auch immer Sie sich entscheiden – Sie sollten zu dieser Entscheidung mit all ihren Konsequenzen stehen. Meine Empfehlung lautet: Fangen Sie noch heute mit einem selbstbestimmten Leben an, denn es gibt keinen besseren Zeitpunkt als JETZT!

Menschen, die wissen, was sie wollen, waren schon immer erfolgreicher als Unentschlossene.

So leben Sie Ihren Lebensplan

- ▸ Übernehmen Sie ab sofort Verantwortung für Ihr Leben. Auch wenn es anfänglich wehtut: Halten Sie durch!
- ▸ Suchen Sie keinen Schuldigen mehr für die aktuelle Lebenssituation, sondern seien Sie sich bewusst, dass Sie sich alles selbst erschaffen haben. Denken Sie immer daran: Ihr Bewusstsein erschafft Ihre Realität!
- ▸ Stellen Sie fest, was Sie auf keinen Fall mehr in Ihrem Leben haben wollen bzw. brauchen. Ob dies Menschen, Dinge oder Situationen sind, spielt dabei keine Rolle. Schaffen Sie für sich Klarheit. Erkennen Sie, welche Menschen, Dinge und Situationen Sie in Ihrer Entwicklung hemmen oder sogar blockieren.
- ▸ Geben Sie diesen blockierenden Objekten keinerlei Energie mehr. Beschäftigen Sie sich nicht mehr mit diesem Energiefeld. Schauen Sie nicht mehr dahin, sprechen Sie nicht mehr darüber, regen Sie sich nicht mehr darüber auf, lesen Sie nichts mehr darüber. Wenn andere sich darüber unterhalten, hören Sie nicht hin und beteiligen Sie sich nicht mehr am Gespräch. Die Menschen, Dinge und

Entweder Sie sind gefangen im Hamsterrad Ihrer Gedanken, Sorgen und Zweifel oder Sie lassen diese los.

Sie sind der Schöpfer Ihres Lebens

Werden Sie sich bewusst, welch ein grandioser Schöpfer Sie sind. Alles, was Sie aktuell erleben, ist das Ergebnis Ihrer Emotionen, Gedanken, Worte und Taten. Es ist eine große Leistung, an den Punkt zu kommen, an dem Sie heute sind. Denn alle Krisen, die Sie erleben, sind das Resultat eines Lebens gegen die inneren Möglichkeiten. Es ist sehr schwierig und kostet große Energie, gegen den Lebensplan zu leben. Doch da Sie dies schaffen konnten, können Sie alles andere auch schaffen – und erschaffen.

Situationen, denen wir keine Energie mehr geben, verschwinden aus unserem Leben. Immer wenn Sie in Versuchung geraten – und dies auch merken –, sich wieder mit den hemmenden Dingen zu beschäftigen, geben Sie wenn möglich sofort eine Matrix-Inform-Anwendung als Transformationswelle auf Ihre diesbezüglichen Gedanken oder Gefühle. Mit dieser Vorgehensweise neutralisieren Sie immer mehr die Schwingungen in Ihrem Energiekleid und kommen dadurch auch mit den von außen auf Sie einwirkenden Schwingungen nicht mehr in Resonanz.

▸ Bestimmen Sie die Menschen, Dinge und Situationen, von denen Sie mehr in Ihrem Leben haben wollen. Ohne es mit dem Verstand erklären zu können, fühlen Sie sich von diesen Dingen und Menschen angezogen oder bekommen »zufällig« Informationen dazu. Nehmen Sie solche Fügungen zur Kenntnis.

Laden Sie die Dinge, die Sie um sich haben wollen, gezielt in Ihr Leben ein.

▸ Schreiben Sie alles auf, was Ihnen Freude macht, Sie angenehm bewegt und Sie die Zeit vergessen lässt – unabhängig davon, ob es gesellschaftlich »in« oder »out« ist. Das Urteil oder die Meinung anderer sollte dabei absolut unwichtig sein. Es geht um die Schwingung, die Sie in Resonanz bringt und in eine gute Stimmung versetzt. Erzeugen Sie durch das Aufschreiben eine erste Verdichtung als Vorstufe zur zukünftigen Realität.

▸ Richten Sie, wann immer Sie können, Ihre Aufmerksamkeit auf diese Menschen, Dinge und Situationen und bringen Sie die entsprechenden morphischen Felder ins Schwingen. Schauen Sie hin, beobachten Sie, hören und lesen Sie etwas darüber. Richten Sie Ihre Energie klar darauf aus.

▸ Verbinden Sie sich mit den morphischen Feldern, indem Sie Ihre Aufmerksamkeit den Vertretern und Symbolen für diese Dinge widmen. Repräsentanten könnten z. B. Bücher über die Menschen oder Themen, Artikel und Studien, Vorträge, Workshops oder Seminare, einzelne Menschen und Gruppen, Fernseh- und Radiosendungen oder Lebewesen aller Art sein.

▸ Wiederholen Sie die beschriebenen Punkte und verstärken Sie die so in Ihrem Energiekleid angelegten oder wieder in Erinnerung gebrachten Schwingungen. Sie erhöhen damit Ihre Ausstrahlung und Ihre Anziehung.

▸ Durch den zielgerichteten Einsatz Ihrer Energie bringen Sie das gesamte morphische Feld ins Schwingen, d. h., Sie generieren durch den bewussten Einsatz Ihrer Energie ein morphogenetisches Feld. Beide Pole des Schwingungsfelds werden aktiviert. Durch die Aktivierung geraten auch die Widerstände, also die hemmenden Anteile in Resonanz, und es kommen die für Sie unbewusst und tiefsitzenden blockierenden Glaubenssätze, Glaubenssysteme, falschen Überzeugungen und Sabotageprogramme zum Vorschein. Das ist Ihre Chance: Durch das Aufsteigen dieser Programme aus dem Unbewussten ins Wachbewusstsein können Sie die verdichteten Energien mittels einer oder auch mehrerer Matrix-Inform-Anwendungen nachhaltig transformieren, ganz nach dem Motto: Gefahr erkannt, Gefahr gebannt.

▸ Im Laufe der Zeit transformieren Sie immer mehr Ihre belastenden Themen. Haben Sie Vertrauen, dass die anfänglich wenig sichtbaren Veränderungen Sie trotzdem befreien. Haben Sie auch Vertrauen, wenn sich ganz alte, bereits vergessene Themen nochmals zeigen. Es sind nur Zeichen, dass noch entsprechende Anteile in Ihren Energiekörpern vorhanden waren, obwohl Sie vielleicht bereits mit vielen anderen Methoden daran gearbeitet haben. Häufig klären solche Methoden z. B. nur den mentalen Körper: In Ihren Gedanken sind Sie die Sache los, doch im emotionalen Körper schwingt sie oftmals noch sehr heftig mit und bringt Sie unbewusst immer wieder in vergleichbare Lebenssituationen.

Sobald ein negativer Gedanke oder ein niedriges Gefühl wie Angst, Wut, Zorn, Trauer oder Mutlosigkeit Sie heimsucht, geben Sie sofort eine Matrix-Inform-Anwendung darauf.

184

Sie sind Schöpfer Ihres Lebens. Sie allein haben es in der Hand, Ihr Leben so zu gestalten, wie Sie es gern hätten. Sie müssen es nur wollen und dann auch tun.

Ein Ausblick

Alle Welt spricht, schreibt und beschäftigt sich mit dem Jahr 2012. Durch Kinofilme werden Ängste ebenso geschürt wie durch Beiträge in Büchern. Doch zurzeit weiß niemand, was genau sich wie und wann ändert. Die Unsicherheit bezüglich der Jahre nach 2012 rührt daher, dass es für die Zeit danach keine Vorhersagen mehr aus der Vergangenheit gibt. Warum das Jahr 2012 eine solche Bedeutung bekommen hat, ist auf den Maya-Kalender zurückzuführen, der nach der Zeitrechnung der Maya am 21.12.2012 nach 5128,77 Jahren endet. Hinzu kommen die unterschiedlichsten Zeichen in den Konstellationen der Sterne und Planeten und ganz viele Spekulationen. Im Wesentlichen geht es um einen Bewusstseinswandel oder einen Bewusstseinssprung.

Als wir uns entschieden haben, in dieser Phase des Umbruchs dabei zu sein, waren wir voll freudiger Erwartung und voller Zuversicht, unseren Beitrag dafür leisten zu wollen und auch zu können. Legen wir also die Binde von unserem inneren Auge ab, um mehr zu sehen, als es unser Verstand jemals zu denken vermag, und erinnern wir uns an das, was wir einmal erreichen wollten. Freuen wir uns darauf, mit Matrix Inform unsere Zukunft und die Zukunft der gesamten Menschheit mit zu gestalten.

Es ist Ihr Leben, machen Sie das Beste daraus.

Im vorliegenden Buch beschreibe ich Möglichkeiten, wie wir uns wieder an unseren Lebensplan erinnern können. Wir können uns mit den Energien aus der 5D+ verbinden, diese auf der Quantenebene auf bestehende energetische Verhältnisse lenken und verdichtete, niedrig schwingende Felder zur Optimierung der 3D-Realität transformieren – ganz im Sinne der ganzheitlichen Quantenheilung. Jedes Mal, wenn wir uns mit der 5D+ verbinden und eine Welle auslösen, wirkt unser Bewusstsein. Je öfter wir dies tun, desto besser die Anbindung an unser Höheres Selbst. Je mehr Menschen es tun, desto schneller die Transformation in den morphischen Feldern des Kollektivs Mensch. Mit Matrix Inform können wir sehr viel tun, um uns und das Kollektiv Mensch leichter, schneller und direkter in die neue Zeit und zu einem Höheren Bewusstsein zu führen. Verlassen wir, – Sie, ich und möglichst viele andere Menschen – unser kleinkariertes, kurzsichtiges und egoistisches Denken, handeln wir und öffnen wir uns dem kollektiven Verständnis des »Wir-Sind«; wenn wir alles, was wir tun, zum Nutzen und Wohle aller tun, verhelfen wir damit der bestehenden Menschheit und allen zukünftigen Generationen zu einem reibungslosen Übergang ins neue, noch unbekannte Zeitalter.

Steigern Sie Ihre Wahrnehmung durch bewusstes Öffnen zu Ihrem Höheren Selbst.

Ein Ausschnitt der Wahrheit

Doch all dies ist so komplex, dass es sich mit unserem begrenzten Verstand betrachtet in vielen Fällen sogar widerspricht. Nehmen Sie z. B. das Gesetz der Anziehung. In unserer Realität, in der dritten Dimension, heißt es: Gegensätze ziehen sich an. Was leicht an den Polen eines Magneten zu erkennen ist. Der Südpol stößt den Südpol eines anderen Magneten ab und zieht dafür den Nordpol eines anderen Magneten an. Für die Fortpflanzung des Menschen braucht es den weiblichen, empfangenden Teil und den männlichen, gebenden Teil. Es gibt Säuren und Basen, hart und weich, hell und dunkel, heiß und kalt, alles hat zwei Pole. Das eine ist ohne den Gegenpol unvollständig.

Begeben wir uns jedoch in das Feld der Quanten und Photonen, herrschen dort komplett andere Gesetze. Dort heißt es: Gleiches zieht Gleiches an. Übertragen wir dieses Gesetz z. B. auf Mann und Frau: Gehen unterschiedliche Geschlechter eine Beziehung ein, so hat diese Beziehung auf Dauer nur Bestand, wenn beide möglichst viele Gemeinsamkeiten haben, beispielsweise Wünsche, Absichten, Verhaltensweisen, Essgewohnheiten, Gesprächsthemen und dergleichen mehr. Selbstverständlich müssen nicht alle Parameter bei allen und immer gleich sein, das würde auf Dauer auch langweilig werden; doch ohne eine gewisse Übereinstimmung fehlt die Harmonie, und sofern es keine Zweckgemeinschaft ist, könnte keine Beziehung lange auf diese Weise bestehen.

Bei all meinen Ausführungen in den Vorträgen, Seminaren und Büchern ist es mir immer ganz wichtig, dass sich jeder bewusst wird, dass er nur einen Ausschnitt der Wahrheit sieht, damit man auch jeden anderen ohne Wertung in dessen Wahrheit belassen kann. Überprüfen Sie alle Aussagen und glauben Sie nur, was zu Ihnen passt. Erweitern Sie auf diese Weise Ihre Wahrnehmung und Ihr Bewusstsein. Es ist aus meiner Sicht wenig sinnvoll, über die Richtigkeit der Wahrheit zu streiten. Wir alle kennen immer nur einen kleinen Teil der Wahrheit, keiner hat die allumfassende Wahrheit gepachtet und dadurch auch nicht das alleinige Recht, andere über Richtig oder Falsch zu belehren oder sie sogar zu bevormunden.

Da ist es schon sinnvoller, über die Wahrheit zu philosophieren, dies ist der bessere Weg zur Bewusstwerdung. Ich wünsche Ihnen ein Erkennen Ihres Lebensplans und den Mut, ihn auch zu leben.

Verbinden Sie sich mit Ihrem Höheren Bewusstsein, leben Sie Ihren Lebensplan und werden Sie sich Ihrer schöpferischen Macht bewusst. Wirken Sie in all Ihrem Tun zum Wohle und Nutzen aller Menschen.

Literatur

Bartlett, Richard: *Matrix Energetics*. Kirchzarten, VAK 2008

Brennan, Barbara Ann: *Licht-Heilung*. München, Goldmann 1994

Diers, Michaela: *Hildegard von Bingen*. München, DTV 1998

Emoto, Masaru: *Die Botschaft des Wassers*. Burgrain, KOHA 2002

Goswami, Amit: *Das bewusste Universum*. Stuttgart, Lüchow 2007

Heede, Günter/Schriewersmann, Wolf: *Matrix Inform – Heilung im Licht der Quantenphysik*. München, Südwest Verlag 2010

Hicks, Esther & Jerry: *The Law of Attraction*. Berlin, Allegria Verlag 2008

Krattinger, Franziska: *Ein Wort genügt*. Güllesheim, Die Silberschnur 2007

Krattinger, Franziska: *Machtworte*. Güllesheim, Die Silberschnur 2008

Neuner, Werner: *Die Matrix des Bewusstseins*. Graz, Antasira 2004

Neuner, Werner: *Der Matrixcode und die Bewusstseinsformeln*. Graz, Antasira 2005

Popp, Fritz-Albert: *Die Botschaft der Nahrung*. Frankfurt, Zweitausendeins, 2. Aufl. 2000

Schmidt/Lang: *Physiologie des Menschen*. Heidelberg, Springer Medizin, 4. Aufl. 2007

Sheldrake, Rupert: *Das Gedächtnis der Natur*. Frankfurt, Fischer, 12. Aufl. 2008

Sheldrake, Rupert: *Das schöpferische Universum*. München, Ullstein 2009

Sheldrake, Rupert: *Der siebte Sinn der Tiere*. Frankfurt, Fischer TBV, 3. Aufl. 2009

Stejnar, Emil: *Die vier Elemente*. Wien, Ibera Verlag 2008

Hinweis für unsere Leser

Bildnachweis

Umschlaggestaltung und -konzeption: Geviert GBR, München, unter Verwendung von Illustrationen von Irina Schönleber
Illustrationen: Bettina Kammerer, München

Impressum

© 2012 by Irisiana Verlag, einem Unternehmen der Verlagsgruppe Random House GmbH, 81673 München

Redaktion:
Dr. Ulrike Kretschmer
Projektleitung:
Sven Beier
Redaktionsleitung:
Karin Stuhldreier
DTP / Satz und Gesamtproducing:
Dr. Alex Klubertanz
Bildredaktion:
Annette Mayer
Korrektorat:
Susanne Langer

Druck und Bindung:
Alcione, Trento

Printed in Italy

ISBN: 978-3-424-15127-5
817 2635 4453 6271

Dieses Buch wurde auf das FSC®-zertifizierte Papier *Profimat* gedruckt, hergestellt von Sappi, Werk Ehingen, geliefert von der igepa/2H.

Register